高校师资队伍建设探究

孙晓宇◎著

吉林出版集团股份有限公司
全国百佳图书出版单位

图书在版编目（CIP）数据

高校师资队伍建设探究 / 孙晓宇著 . -- 长春 : 吉
林出版集团股份有限公司 , 2025.1 . -- ISBN 978-7
-5731-5493-4

Ⅰ . G645.12

中国国家版本馆 CIP 数据核字第 2024GD8996 号

高校师资队伍建设探究

GAOXIAO SHIZI DUIWU JIANSHE TANJIU

著　　者	孙晓宇	
责任编辑	宋巧玲	
封面设计	张秋艳	
开　　本	710mm×1000mm	1/16
字　　数	200 千	
印　　张	10.25	
版　　次	2025 年 1 月第 1 版	
印　　次	2025 年 1 月第 1 次印刷	
印　　刷	天津和萱印刷有限公司	

出　　版　吉林出版集团股份有限公司
发　　行　吉林出版集团股份有限公司
地　　址　吉林省长春市福祉大路 5788 号
邮　　编　130000
电　　话　0431-81629968
邮　　箱　11915286@qq.com
书　　号　ISBN 978-7-5731-5493-4
定　　价　62.00 元

　　高校师资队伍是教育事业的核心资源，对于高等教育的质量和未来发展有着直接的影响。然而，随着社会的进步和经济的发展，高校师资队伍建设面临着新的挑战和需求。一方面，随着高等教育的发展，学生数量不断增加，教师的教学任务也相应增加。另一方面，社会对于人才的需求不断变化，对高校教师的教学水平和专业素养提出了更高的要求。同时，高校教师需要不断提高自身的科研能力，积累实践经验，以更好地服务于人才培养和社会发展。因此，要加强对高校师资队伍建设的投入和关注，制定有效的政策和措施，激发教师的教学和科研热情，增强教师的职业归属感和荣誉感。同时，要引导教师关注学生的全面发展和综合素质的培养，推动高等教育质量的全面提升。

　　高校师资队伍建设是教育事业发展的重要组成部分，需要深入思考和探讨。在当前激烈的人才市场竞争中，优秀的教师和科研人员往往成为各个领域争夺的核心资源。高校需要加强人才引进和培养工作，提高教学质量和科研水平。随着科技的飞速发展和教育理念的不断更新，传统的培养模式和方法已经无法满足新时代的需求。高校需要更加注重师资队伍的专业发展和教育能力提升，以适应学生的多样化需求和教学改革的要求。当前高校师资队伍建设取得了一些积极进展。同时，一些高校在学科建设、教育改革和人才政策方面的尝试和探索，为师资队伍建设提供了有益的经验和启示。

　　本书第一章为高校师资队伍概述，分别介绍了相关概念界定、高校师资队伍管理的本质、高校师资队伍建设管理的意义；第二章为高校师资队伍的规划与结构，介绍了高校师资队伍的规划和高校师资队伍的结构；第三章为高校师资队伍建设理论与实践依据，分别介绍了两个方面的内容，依次是高校师资队伍建设相关理论、高校师资队伍建设实践依据；第四章为高校师资队伍建设的有效机制，依次介绍了师资优化机制、师资管理机制、教师激励机制、教师绩效评价机制、师资培训机制五个方面的内容；第五章为高校师资与管理队伍建设，主要介绍了三个方面的内容，分别是高校师资力量建设、高校管理队伍建设、高校凝聚力建设。

在撰写本书的过程中，作者参考了大量的学术文献，得到了许多专家、学者的帮助，在此表示真诚感谢。由于作者水平有限，书中难免有疏漏之处，希望广大同行和读者批评指正。

目　录

第一章　高校师资队伍概述···1

　　第一节　相关概念界定···1

　　第二节　高校师资队伍管理的本质···8

　　第三节　高校师资队伍建设管理的意义······································14

第二章　高校师资队伍的规划与结构··19

　　第一节　高校师资队伍的规划··19

　　第二节　高校师资队伍的结构··29

第三章　高校师资队伍建设理论与实践依据····································39

　　第一节　高校师资队伍建设相关理论···39

　　第二节　高校师资队伍建设实践依据···48

第四章　高校师资队伍建设的有效机制···63

　　第一节　师资优化机制···63

　　第二节　师资管理机制···67

　　第三节　教师激励机制···72

　　第四节　教师绩效评价机制··79

　　第五节　师资培训机制···91

第五章 高校师资与管理队伍建设 …………………………………………… 100

　第一节 高校师资力量建设 …………………………………………… 100

　第二节 高校管理队伍建设 …………………………………………… 116

　第三节 高校凝聚力建设 ……………………………………………… 141

参考文献 ………………………………………………………………………… 155

第一章　高校师资队伍概述

高校师资队伍的质量和能力直接影响教育质量和学生的发展。本章是高校师资队伍概述，包括相关概念界定、高校师资队伍管理的本质、高校师资队伍建设管理的意义三部分内容。

第一节　相关概念界定

教师从事的是一项光荣又崇高的工作，他们肩负着启发思想、引领方向、规划未来的责任，对学生的成长有着极为重要的影响。高校师资队伍的水平直接影响到年轻人才的培养、教育事业的进步和中华民族伟大复兴中国梦的实现。随着知识经济时代的到来和高等教育规模的扩大，中国的高等教育面临着重大的变革。高校教师队伍建设是高等教育改革的核心内容之一，具有重要的意义。高校教师队伍建设面临着众多新的要求，需要关注师资数量、师资质量、师资结构、教学水平、个人素质以及专业能力等方面。当前，高等教育的发展离不开优秀的教师队伍。为了适应新的时代要求，我们应该深化教师分类管理和考核评价制度，根据教师的职称、教学水平、科研能力和社会服务能力等方面进行分类，设立相应的评价体系，从而形成一套分类管理的机制；加强教师培训和发展，提升教师的教学能力和科研水平，注重教师素质、学历、学术履历和综合素养的培养和提高；推行晋升制度改革，建立更为公正合理的晋升机制，注重实际贡献和绩效的考量。

一、核心概念厘定

（一）高校教师

学术研究范畴内存在多种对"高校教师"这一概念的理论解释。一是从高校的属性出发推导出高校教师的属性。纽曼（J.HNewman）认为大学是"教授广泛性学问的处所"①，大学的主要职能就是知识的传播和理智、自由的培养。根据雅斯贝尔斯（K.Jaspers）的观点，大学由学生和学者组成，共同追求真理和文化的创新。传统上，大学的主要功能是教学和研究，为学生提供知识和培养学术能力。然而，随着时间的推移和社会的发展，大学的职能也不断扩展。除了教学和科研，许多现代大学还承担社会服务的职责。高校通过与社会合作，为社区和行业提供各种服务和专业知识，推动社会进步和发展。这种社会服务包括技术咨询、专业培训、社会项目等，使大学成为社会资源的重要组成部分。因此，现代大学的特征和范围不仅仅限于教学和科研，还包括社会服务等多种职能。高校教师是指在大学或高等教育机构从事教学、科研和管理工作的专职人员。二是从高校教师的职业特征来界定高校教师的概念。沈红对中国语境下大学教师与学术职业的概念进行比对后得出的结论是，大学教师在从事学术工作的同时也履行着学术职业的义务。②根据这个结论，大学教师不仅要传授知识和进行教学活动，还承担着学术研究和知识创新的责任。他们应该积极参与学术讨论，推动学科发展，为学生提供最新的学术知识和研究成果。同时，作为学术从业者，大学教师应该遵守学术道德规范，保持学术诚信，尊重学术自由，促进知识共享和学术合作。学术职业是以学术为生，以学术为业，以学术的存在和发展使从业者得以生存和发展的职业。③本书对高校的定位包括教学、科研和社会服务三个职能，是指教学型大学及以上的全日制普通高校。此定义并未覆盖普通高等专科学校、私立高等学校、高等职业技术学校以及各种形式的成人高等教育学校，也未涵盖军事院校、党校等有着专门目的和培养目标的学府。

在中国，我们已经通过立法清晰地规定了教师的定义。根据《中华人民共和国教师法》，教师是一支致力于教育教学事业的专业队伍，他们以尽职尽责的态度培养社会主义建设者和接班人，提高民族素质水平。《中华人民共和国教育法》也规定：国家实行教师资格、职务、聘任制度，通过考核、奖励、培养和培训，提高教师素质，加强教师队伍建设。在学校和教育机构里，管理员运用教育职员制度进行管理。在学校和其他教育机构中，教学辅助人员和专业技术人员的专业

---

① 约翰·亨利·纽曼.大学的理想：节本 [M].徐辉，译.杭州：浙江教育出版社，2001：113.
② 沈红.论学术职业的独特性 [J].北京大学教育评论，2011（3）：18-28.
③ 同②.

技术职位是通过聘任制进行评估的。高校以及教育机构应当遵照《中华人民共和国高等教育法》的规定规范教师招聘和职称晋升，确保教师队伍的发展符合相应标准和制度。为了应对学校的教学和科学研究任务，高校设立教师职位。教师的职位分为四个等级，包括助教、讲师、副教授、教授。高等学校的管理人员实行教育职员制度。高等学校实行专业技术职务聘任制度，涉及教学辅助人员和其他专业技术人员。根据我国法律对教师的规定，高校教师是指那些主要从事教学工作的专业人士，与高校中的管理人员、辅助人员、技术人员等是有所不同的。这一法律规定所涵盖的高校教师概念是狭义的高校教师。

考虑到法律属性、高校属性和职业特征三个因素，本书将全日制普通高校、教学型大学及以上级别的专业学术人员定义为高校教师。他们主要从事专业教育、科研以及社会服务工作。他们是从事教学工作的全职专业教师。

（二）高校教师队伍

本书所指的高校教师队伍，主要由那些具备高度专业知识和技能的教师组成，他们不仅拥有丰富的教学经验和深厚的学术背景，还具备强烈的责任感和使命感。这些教师主要在高校中从事教学、科研以及管理等方面的工作，他们不仅是知识的传播者，更是科技创新的引领者，为国家的经济发展和社会进步做出了巨大的贡献。

教师队伍中的这些成员不仅承担着教育职责，传授知识给学生，还在科研领域有着突出的表现。他们致力于科学技术研究，不断推动科技进步，为国家的科技创新做出了重要的贡献。同时，他们致力于管理岗位的工作，为高校的组织管理提供重要的支持和保障。

这支高级人才队伍不仅在教育领域有着卓越的表现，同时肩负着提高全民族整体素质的重大使命。他们通过自己的专业知识和技能，为社会培养了大量高素质的人才，为国家的经济社会发展提供了强有力的人才支持。

因此，高校教师队伍是推动国家教育、科技、文化和社会发展的重要力量，他们的作用不可忽视。

（三）高校教师队伍建设

高校教师队伍建设是一项至关重要的工程，关乎高校教育事业的持续发展和未来的竞争力。这项工程的基础性在于它需要不断地对师资队伍的结构进行动态调控，使师资队伍的结构趋于合理。在提高师资队伍水平的同时，更要注重学校师资队伍的可持续发展，这也是整个学校人力资源管理工作的重中之重。

为了实现这个目标，学校人力资源部门需要根据学校各学科发展和办学规模，精心规划人才的引进及培养工作。他们需要物色并引进各种必需的人才，包括教学能手、学科带头人、科研骨干等，从而确保学校的发展始终保持活力和竞争力。这些人才的引进和培养不仅需要人力资源部门的精心策划和组织，还需要全校各部门的积极配合和支持。

同时，对于这些引进的人才，学校需要制订完善的培养计划，提供各种培训和学习机会，帮助他们不断提高教学和科研能力，使他们成为学校教育事业发展的中坚力量。这种持续的引进和培养机制，可以确保学校师资队伍的水平和结构始终与学校的发展目标保持一致，从而实现学校的可持续发展。

综上所述，高校教师队伍建设是高校教育事业发展的基础性工程，需要全校各部门通力合作，共同推进。只有这样，才能真正提高学校的整体竞争力，推动我国高等教育事业不断向前发展。

（四）高校教师队伍管理

高校教师队伍管理是指高校管理层中负责人力资源的部门，运用先进且符合教育行业特点的人力资源管理理论和方法，根据本校的发展战略和需求，对学校的教师队伍进行合理配置、系统开发和协调管理，从教师的聘任、考核、调配、培训直到退休，对教师队伍进行全面、科学、高效的管理和调控。

在教师队伍的配置方面，高校需要考虑不同学科、不同背景、不同经验和技能的教师之间的平衡。通过合理配置，使教师队伍的结构更加合理，提高教师队伍的整体素质和教学科研能力。

在开发方面，高校需要为教师提供持续的职业发展机会，包括培训、研究、交流等。通过这些方式，帮助教师提高教育教学水平和专业素养，增强教师的创新能力和竞争力。

在协调管理方面，高校需要关注教师队伍中的人际关系，建立良好的沟通机制与合作氛围。通过协调各方面的关系，解决矛盾和问题，使教师队伍能够更好地协同工作，共同推动学校的发展。

通过对教师队伍的全面管理和调控，高校可以实现教师队伍的高效利用。这不仅可以提高教育教学质量和科研水平，还可以增强学校的综合实力和社会影响力。同时，科学的管理和调控可以提高教师的工作满意度和归属感，增强学校的凝聚力和向心力。

综上所述，高校教师队伍建设与管理的实质就是人力资源的开发与管理，其至少应包括如下内容：

教师队伍建设管理的政策制定。教师队伍建设管理的政策制定是指在高校中制定和实施有关教师队伍建设的政策和计划。这些政策可能涉及教师的招聘、选拔、培训、评估和激励等，以确保教师队伍的素质和能力的持续提升。政策制定需要依据学校的战略目标和教育目标，同时考虑教师的需求和期望，以确保政策的合理性和有效性。

教师队伍建设管理的制度设计。教师队伍建设管理的制度设计是指在高校中设计和实施有关教师队伍管理的制度和机制。这些制度可能涉及教师的职务晋升、薪酬待遇、福利保障、科研奖励等，以确保教师的工作积极性和创造力得到充分的激发。制度设计需要依据学校的实际情况和教育需求，同时考虑到教师的实际能力和贡献，以确保制度的公正性和可行性。

教师队伍建设管理的具体措施。教师队伍建设管理的具体措施是指在高校中实施有关教师队伍建设的具体行动和实践。这些措施可能涉及教师的培训和发展计划、教学评估和反馈、科研支持和奖励等，以确保教师的能力和素质得到全面的提升。措施实施需要依据学校的资源和条件，同时考虑到教师的个性和特点，以确保措施的针对性和有效性。

综上所述，高校教师队伍建设与管理是一项复杂而又重要的工作，需要政策制定、制度设计和具体措施等多方面的支持和配合。只有这样，才能真正提升教师队伍的素质和能力，实现高校教育目标和发展战略。

二、相关概念辨析

（一）高校教师人事管理与高校教师人力资源管理

传统的高校教师人事管理主要关注教师的聘任、调配、培训、薪酬、考核等，是一种基于人事管理政策、制度和规划的管理实践活动。与之相对的是高校教师人力资源管理，它更强调将人力资源管理的理念和方法应用于高校教师管理中，注重教师的绩效管理、激励机制、员工发展等。传统的高校教师人事管理更偏向于传统的行政管理，而高校教师人力资源管理更注重以人为本、注重教师个体发展和组织效能的提升。

通过实施科学、高效的教师人事管理，可以确保高等院校的管理秩序规范，促进高校的健康和谐发展，同时为教师的专业成长提供有力的支持。

高校教师是重要的人才资源，高校的人力资源管理职责包括平衡和协调教师、课程、学习环境和其他资源之间的关系。[1] 尽管高校教师的人力资源管理改革也是根据相关管理政策、制度和规范对教师进行管理的活动，但与传统的人事管理相比，这种管理模式的理念发生了重大变化，聚焦"人本观""服务观""统一观""发展观"等管理理念。

就"人本观"来说，高校教师的人力资源管理以教师为中心，强调高校教师是实现高校发展极为关键的人力资源。因而，这种管理模式的重点在于激发教师的内在动力，发掘教师的潜能，促进教师的个人成长和进步，从而推动整个高校教职工队伍的素质提高。

就"服务观"来说，在高校教师人力资源管理中，高校教师和科研人员是主导力量，在学科专业规划、教学科研计划以及教学科研成果等方面具有至关重要的作用。因此，高校教师人力资源管理的本质是为高校教师的发展和人力资源队伍的发展提供服务。

就"统一观"来说，高校人力资源管理注重将教师的专业发展与高校整体发展相结合，认为二者密不可分、相互促进。在高校教师人力资源管理中，需要综合考虑教师与组织、环境、事物等的相互作用，而非单纯地重视教师本身。

就"发展观"来说，一方面，高校教师人力资源管理的客观发展规律是必然的，其观念、理论、方式和手段也随着社会和时代的变迁而不断更新；另一方面，高校教师人力资源管理强调将教师视作潜在的、有发展潜力的重要人才，通过实践促进教师专业素养不断提高并全面发展。

对比高校教师的人事管理模式和人力资源管理模式，可以发现，前者更加传

---

① 傅冰钢. 高校教师人力资源管理改革初探 [J]. 江苏高教，2003（2）：96.

统，而后者是前者逐步发展和改进的产物。当前，我国正积极推动现代大学制度建设，高等教育师资管理正呈现从人员管理向人力资源管理转变的趋势。这种转型的核心在于协调整体、整合资源，并且充分利用人力及规则的潜力。

（二）高校教师队伍管理制度与管理模式

管理制度是指为实现管理目标所采取的一系列规范形式，包括内外部资源的整合、组织架构的建立、组织功能的协调以及反馈等活动。这些规范形式构成了一种组织行为的准则和基础。制度是高校教师队伍管理的刚性要求[①]，科学合理的制度是规范和有效地管理高校教师队伍的必要条件，没有科学合理的制度，便无法保证人事管理的规范。实现高校的科学管理是目前我国高校现代大学制度建设的重要目标之一。建立和完善各项规章制度是实现科学管理的基础和前提。规章制度包括教师招聘、聘任、晋升、考核、奖惩等方面的制度，教学和科研管理、学生管理、财务管理等方面的制度。这些制度的建立和完善，可以提供明确的管理框架、行为规范、权益保证，确保高校管理的公正性和合规性。然而，单纯地建立规章制度还不足以实现科学管理，还需要全面贯彻和实施相应的管理制度。这包括组织机构的调整与优化、制度的执行和监督、积极培养管理人员的专业能力和管理能力等。只有在实际运行中真正贯彻执行相关管理制度，高校才能实现科学管理，提升教育质量，促进自身的发展和进步。

高校教师队伍管理制度和高校教师队伍管理相互依存、相互促进。良好的高校教师队伍管理制度可以为高校教师队伍管理提供指导和支持，规范管理行为和决策，确保管理的公正性和合规性。而高校教师队伍管理的有效实施是高校教师队伍管理制度落地生效的体现，通过具体行动来保障和落实制度，促进教师队伍的良性发展和高校整体的健康发展。

管理模式是在管理理念指导下建构起来的，是在管理人性假设的基础上设计出的一整套具体的管理理念、管理内容、管理工具、管理程序、管理制度和管理方法论体系。

高校教师队伍管理是通过管理模式来体现的，而管理模式的实现是通过管理制度来保障的，三者互相依存，缺一不可。我国高校现代的、开放的教师队伍管

---

① 王晓龙.关于高校人事管理制度的思考 [J].黑龙江高教研究，2011（3）：44.

理模式是指在国家宏观调控的背景下，通过把市场机制引入高校教师队伍管理工作中，通过市场的自动调节，实行教师聘任制改革，发挥竞争机制的引导作用，合理配置资源，充分激活高校教师的创新能力，提高人力资源的利用效益；与此同时，贯彻公平、公正、公开的原则，建立一套合理的考核体系，强化激励，优胜劣汰，建立一种在管理、培养、考核上能够真正激发教师活力，实现师资结构和人力资源最佳配置，从而适应多元化、国际化、开放化高校建设的新的高校教师队伍管理模式。

第二节 高校师资队伍管理的本质

一、高校师资队伍的相关系统

若以整体系统的角度来看待高校师资队伍，其最主要的组成要素就是教师群体。这些教师处于大学环境中，其管理方式包括调配管理、薪酬管理、晋升管理、培训管理、考核管理、招聘管理等。这个系统也可以被描述成一个包含知识输入、生产加工、管理、传播扩散、创新以及自我学习等活动的全面"知识管理系统"。

目前，我们注重提升高校教师队伍的整体素质，旨在优化师资队伍。综合性的目标是提升要素的整体能力，其中包括要素种类、要素能力、要素数量、要素结构机制、要素结构体制等方面。有五个方面的内在因素能够对教师队伍系统的整体特性产生影响。

第一，关联性方面。一个系统的各个要素之间彼此相连、相互作用，没有任何独立、孤立的个体要素存在。这种特性在教师队伍中的表现是各类教师之间彼此沟通、互相支持、共同进步的互动关系。

第二，多样性方面。高校教师队伍这个系统包含各种不同形式的联系，这些联系的多样性导致了系统的多样性。为了对这个系统进行分析，需要从多个角度进行综合考察，包括研究它的组成成分、结构功能以及相互联系的方式等。

第三，层次性方面。根据教师职业特点，可以将其归为注重教学型、注重基础研究型、注重应用研究型、注重设计开发型等几种类型；在学术领域，可以按职务等级划分为不同的层级，包括院士、特聘教授、教授、副教授、讲师、助教等；

按照年龄可以划分为不同的阶段，例如老年、中年和青年等。

第四，动态性方面。教育系统一直在不断地演变和改变，同时，构成教师系统要素的思想水平、业务水平、知识储备、工作态度和表现等方面也在持续发展和变化。一位教师的工作经验和学术水平会随着时间推移而逐渐丰富和提高，这体现了动态性原则。

第五，环境适应性方面。每个系统都被包含在特定的环境中，并与环境相互作用，包括能量、物质和信息的交换。为了适应这种不断变化的动态环境，系统必须具备自我调整的能力。随着高等教育进入大众化阶段，教师的队伍系统需要做出相应调整，以适应不断变化的教育环境。

二、高校师资队伍的管理系统

"高校教师"是"高校师资队伍"系统的主要组成部分。在高校环境中，存在着三种类型的教师，分别是有教师编制的教师、从事政治教育的教师和从事科研的教师。为了有效管理高校教师团队，还需要协调不同的管理部门，包括行政部门（如人事、财务、后勤）和业务部门（如各学院、研究所）。这个管理体系涉及多个管理主体。通常情况下，这些部门的管理者来自教职人员，因此对于个人来说，可能会兼任管理者和被管理者的角色。考虑各要素之间的关系时，我们可以从角色的角度出发来分析。高校教师队伍属于被管理者，而管理主体是负责管理的人。管理主体以各种方式对其进行管理，双方之间的关系是管理和被管理，这种关系是通过多种手段达成的。

三、高校师资队伍的地位

地位指的是个人或群体在社会中的位置，这个位置反映了他们在社会关系和格局中的重要性。习近平多次强调了"加强高校师资队伍建设"的重要性，还深入探讨了高等教育师资队伍对于人类进步、国家民族振兴以及教育发展的重要作用。

（一）高校师资队伍之于人类进步

随着社会不断发展，高校教师团队扮演着非常重要的角色，他们可以帮助大学生树立正确的价值观，引导大学生传承和发扬中国传统文化，并与全世界一起共同推动人类的进步，为中国的发展做出贡献。高校师资队伍对青年大学生个人的未来前途也具有至关重要的影响。高校教师能做青年大学生成长成才的人生导师和健康生活的知心朋友，帮助大学生追寻精彩人生。

（二）高校师资队伍之于国家民族振兴

发展中国特色社会主义事业需要源源不断的人才资源，高校师资队伍的不断完善，能为民族复兴培养更多有担当、有作为的青年大学生，给复兴大业提供希望。高校师资队伍作为知识分子中的重要组成，是国家的"智力担当""创新担当"，能够起到推动国家事业发展、推动经济社会前进的作用。

（三）高校师资队伍之于教育发展

高校师资队伍在教育改革、教育扶贫等方面大有可为，尤其在推动高等教育发展的进程中扮演着不可或缺的角色。师者，人之模范也。只有建设高素质的高校师资队伍，才能提高大学的办学治学水平，才能推动高等教育内涵式发展。

四、高校教师的职责

职责是指从事特定职业的人员必须承担的一系列工作任务和责任，以履行其工作使命。高校教师团队的主要任务包括：培养不同类型的人才、推进科学研究以及提供社会服务。简言之，就是教育人才、开展科研项目及社会服务。习近平多次阐述了高校师资队伍的职责，并强调了教师应承担的责任，目的是提醒教师要勇挑重担，担负起自己的责任。

（一）忠于"教书育人"

高校教师的重要职责之一是成为学生的"学问之师"。高校教师需要具备渊博的专业知识和丰富的人生学问，将知识和经验传授给青年大学生。作为学术导师，高校教师需要引导学生进入学术殿堂，培养学生的思考和探索能力，培养学生的学术创新能力。

此外，高校教师也应该成为"品行之师"，通过自身的言行举止做出榜样，帮助学生形成正确的价值观和道德观。高校教师应该以诚实、正直和负责任的态度面对学术研究和教学工作，同时要注重思想道德的教育，引导学生形成良好的品德和行为习惯。

"教书育人"是高校教师最基本的职责，这意味着教师不仅要传授知识，还要培养学生的品行和人格。只有忠于这个职责，教师才能在个人发展道路上不偏离方向，才能确保教学工作的质量和效果，并让德育工作发挥应有的作用。

教师在教学过程中关注学生的综合发展，注重学科知识的传授，关心学生的品行修养和个人成长，教育工作将会取得令人瞩目的成就。为此，高校教师应该努力提升教学方法和教育手段，保持与时俱进的态度，紧跟时代的发展和学生需求的变化。

高校师资队伍不仅需要掌握学科知识和教学技能，还要具备良好的沟通能力和人际关系管理能力。高校教师应该积极倾听学生的声音，了解学生的需求和困扰，提供个性化的指导和帮助。通过与学生的密切互动，教师可以更好地了解学生的成长环境和背景，能更有效地帮助学生克服困难，实现个人发展目标。

总之，高校师资队伍既要成为学生的"学问之师"，传授知识和引导学生进入学术殿堂，又要成为学生的"品行之师"，树立良好的榜样和引导学生成长。只有忠于"教书育人"的职责，注重教学质量和学生的个性化发展，高校师资队伍才能真正发挥应有的作用，为学生提供全面的教育和指导。通过不断提升自身的专业能力和学术水平，保持与学生的积极互动，他们将成为学生成长道路上的指路明灯，引领学生走向更加美好的未来。

（二）当好"四个引路人"

首先，教师要做学生锤炼品格的引路人。品格教育是人生教育的重要组成部分，教师应该以身作则，做到言行一致，以自己为榜样来引导学生。教师要通过课堂教学、日常交往等方式，培养学生高尚的道德品质和正确的价值观念，帮助他们树立正确的世界观、人生观和价值观。

其次，教师要做学生学习知识的引路人。知识是学生成长和发展的基石，教师要引导学生掌握学习方法和技巧，培养学生的学习兴趣和自主学习能力。教师要通过理论教学、实践探索等方式，激发学生的求知欲望，帮助学生掌握扎实的学科知识，使学生具备丰富的知识储备和终身学习的能力。

再次，教师要做学生创新思维的引路人。创新是推动社会进步和个人发展的重要动力，教师要引导学生勇于尝试、敢于创新。通过开展实践活动、项目研究等方式，教师要激发学生的创造能力和创新精神，培养他们的问题解决能力、团队合作能力和创新意识，帮助他们在面对复杂问题时能够灵活应对、勇于创新。

最后，教师要做学生奉献祖国的引路人。学生是祖国的未来和希望，教师要引导他们树立爱国情怀和责任意识。教师要通过开展志愿者活动、社会实践等方式，培养学生的社会责任感和奉献精神，引导他们积极参与社会实践，为社会发展做贡献。

高校师资队伍要做好"四个引路人"的角色，需要具备丰富的学科知识和教学经验，同时需要注重自身的修养和成长。教师要不断提升自己的专业素养，不断学习和研究，以保持自身的学术水平和教学能力，从而更好地履行自己的职责。

总之，作为高校师资队伍的一员，要认真履行"四个引路人"的职责，通过道德教育和品德塑造，促进学生成长为品德高尚的个体。高校教师教育学生掌握学习技巧和知识，成为具有才智的个体；激励学生敢于尝试、勇于创新，成为乐观向上的个体；教育学生要把青春献给祖国，用自己的贡献回报国家，以成为有价值的人。高校教师要指导青年学生，帮助他们在成长的道路上避免偏差，做出正确的选择，为未来打下坚实的基础。

（三）成为"三者一人"

在高校中进行思想政治工作是非常重要的。高等教育的教师不仅需要具备专业知识和教学技能，还需要具备判断是非善恶的能力，识别社会各种复杂文化观念中优秀和拙劣的方面，以引导学生形成正确的世界观、人生观和价值观。作为高等教育教师，应该坚信并积极继承中华优秀传统文化和社会主义核心价值观，引导学生注重国家和人民的利益，培养学生的公民意识和社会责任感。同时，应该对各类思潮和文化现象有清晰的认识，善于运用正确的方法对学生进行引导。高校教师要具备较高的思想觉悟和政治素养，要以正确的价值取向和立场引导学生。

高校教师应当向青年学生宣传党的路线、方针、政策，帮助学生深入了解党的领导地位和党的先进性，激励学生为共产主义事业而奋斗。通过政治理论课程和各类思想教育活动，高校教师要帮助学生树立正确的政治观念，增强党性意识和集体意识，凝聚更多优秀学生到党的旗帜下。

此外，高校教师还要在充满挑战的校园环境中，引领学生健康成长，实现自我价值，应该为学生提供正确的人生导向和行为规范，帮助学生树立正确的人生目标，塑造积极向上的价值追求。通过关心和指导，高校师资队伍可以为学生提供心理支持，帮助学生克服困难，培养坚强的意志品质和应对挫折的能力。

为了履行"三者一人"（先进思想文化的传播者、党执政的坚定支持者、学生健康成长的指导者和引路人）的职责，高校教师要不断提升自身的综合素养和专业能力。高校教师应该通过不断学习、研究和实践，加强对思想政治工作的理论和实践的研究，深化对党的理论和方针政策的理解和把握。

高校师资队伍努力成为"三者一人"，对于推动高校思想政治工作取得良好的效果具有重要意义。高校师资队伍的共同努力，可以为青年大学生的成长提供坚实的思想道德支持，培养出一代又一代德才兼备的优秀人才，为国家和社会的发展做出贡献。

（四）牢记"三传播三塑造"

高校教师所教授的学生正处于成长阶段，思想多变、思维活跃，他们对于自己的身份、价值观和未来有着积极的探索和塑造需求。因此，教育不仅是传授知识和培养学生的文化素养，还应该从内心深处影响和引导学生，塑造他们的品格和行为准则。高校教育的目标是培养全面发展的人才。在教育过程中，教师应注重培养学生的道德品质，引导他们树立正确的价值观和道德观，培养他们的责任感、正义感和奉献精神。高校教师必须深刻认识到自己的使命是传授知识、教育人才并帮助学生塑造品格与能力。教师需要关心学生的个体发展，了解学生的兴趣、需求和潜能，为学生提供适切的指导和关心。通过言传身教，教师能够成为学生的榜样和引导者，影响他们的内心态度和价值观念，引导他们成为有担当、有创造力的社会栋梁。

首先，高校教师的职责是传播知识、思想和真理。高校教师应该准确把握学科知识的核心内容，掌握前沿学术动态，将这些知识有效地传授给学生。在教学过程中，教师要注重启发学生的思维，培养学生分析和解决问题的能力，激发学生的求知欲和创新精神。

其次，教师要注重学生的思想道德教育，通过言传身教，引导学生树立正确的人生目标，培养学生良好的品德和行为习惯。教师要关注学生的心理健康，倾听他们的心声，及时解决学生在成长过程中的困惑和问题。通过与学生的互动和交流，教师可以与学生建立起良好的师生关系，激发学生的潜能，培养他们的自信心和适应社会的能力。

最后，语言是社交的重要手段，教师要注重培养学生的语言表达能力、沟通能力和团队合作能力。高校教师应该为学生提供良好的语言环境，鼓励学生参与课堂讨论、演讲和辩论活动，开展各种社团和团队合作项目，锻炼学生的表达能力和团队协作能力。通过培养学生的语言技巧和交流能力，教师可以帮助学生更好地与他人沟通，扩展人际关系，增强团队凝聚力与合作精神。

在新时代的背景下，高校师资队伍要努力成为"三传播三塑造"（传播知识、传播思想、传播真理，塑造灵魂、塑造生命、塑造新人）的引领者。高校教师要不断提升自身的学科水平和教育理念，不断更新教育观念和教学方法，适应时代变革和学生需求的变化。教师要注重自身的修养和个人素质的提高，不断提升自己的综合素质和专业能力，以完成教育使命。

总之，高校师资队伍履行"三传播三塑造"职责是推动高等教育事业发展的重要任务。通过传播知识、思想和真理，塑造学生的内外在品质，高校师资队伍可以培养出更多有能力担当大任的时代新人。为了实现这个目标，高校师资队伍需要不断提升自身的教育水平和教学能力，积极与学生互动，关注学生的成长和发展。只有全面履行"三传播三塑造"的职责，才能培养出德、智、体、美、劳全面发展的优秀人才，为社会进步和国家发展做出积极贡献。

第三节　高校师资队伍建设管理的意义

意义指某一事物存在的作用和价值。师资队伍建设对于管理高等教育具有至关重要的意义。这是教育界的一项重要工程，能为大学建设提供重要的推力，促进教育事业发展，同时有助于传承人类文明，具有非常大的价值和深远影响。

一、助推大学建设

教育是国家最基本的建设之一，它为国家的创新和发展提供了坚实的支撑。教育可以增强国家的文化软实力，进而提升我国在国际社会上的影响力，让中华民族在全球文化领域闪耀光芒，留存于历史长河之中。为了使我国成为"人口强国"，我们需要通过教育提高人民的素质和专业技能，并使其符合社会需求。通过这样的举措，我们能够利用人口规模的优势，同时在国际舞台上赢得战略上的主动地位。高校以及教育机构通过学术培养提供高素质的人才资源，为社会的进步与发展做出了重要的贡献。高校教师是一群受过高等教育、有高学识的人，他们的教学水平是高等教育质量的决定性因素，因此在高校建设中非常重要。加强高校师资队伍的建设和管理不仅有助于培养更多的优秀人才，也能推动科研成果的产出，进而促进高等教育的发展。

梅贻琦曾说过："大学者，非谓有大楼之谓也，有大师之谓也。"[1] 大学想要培养出高水平的人才，首先需要拥有优秀的教师队伍。高等教育"双一流"建设旨在打造全球闻名的一流大学。要让顶尖大学达到顶尖水准，除了必要的教学设施、科研设备和校园环境之外，最关键的是拥有高水平的教师团队和专业化的科研团队等人才软实力的支持。高等学府必须同时具备优良的硬件设施和优秀的软件支持，这样才能有实力和特色。"双一流"建设中的五项任务之一是高校师资队伍建设，这表明师资队伍建设在高等教育领域备受重视。因此，加强教师队伍建设至关重要，对于推动高校的建设具有重要意义。

二、助力教育事业

我国因各地区间的差异和教育条件的不同，在教师管理、薪酬待遇等方面存在一些差距。我们需要加强教师队伍的建设和管理，加速教育改革的进程，以提高我国的教育水平。

大学能够不断发展壮大，核心原因之一是作为知识和思想的制造和深加工基地，秉承并坚定地肩负着知识传承与保护的重要职责，适应社会的各种变迁。大学的核心在于强调知识的创新和应用，这对于学术性至关重要。大学作为知识中

---

[1] 韦启良. 梅贻琦：所谓大学者，非谓有大楼之谓也，有大师之谓也——大学校长列传之二 [J]. 河池学院学报，2004（3）：47-52.

心，已经成为推动知识经济发展的关键力量。大学的发展历程可以说是以教师为中心，不断创新、传承和应用知识的历史。大学作为一个机构的存在意义，离不开教师。如果没有高水平的教师，大学就不能充分挖掘其内在潜力。

（一）知识创新的需要

在知识经济时代，创新成为国家和民族发展的核心和动力源泉。知识经济的特征是以知识为核心的经济活动成为主导，创新能力成为国家、企业和个人竞争力的关键因素。在当今全球化的竞争环境中，国家之间的竞争已经从传统的资源和劳动力竞争转变为知识和创新能力的竞争。只有那些拥有卓越的知识创新能力的国家，才能不断创造和引领新的科技、产业和商业模式，保持领先地位。要增强知识创新能力，需要从量的保证和质的突破两个方面入手。首先，量的保证是指确保有足够多的人具备知识创新的基本素质。为了实现这个目标，高等教育大众化起到了重要的作用。通过普及高等教育，让更多的人接受高等教育，培养他们的专业知识和研究能力，从而扩大人才库。其次，质的突破是指培养部分人具备高水平的知识创新能力。国家制定的科教兴国战略和人才强国战略是提高国家知识创新能力的关键举措。科教兴国战略强调加大科学研究投入，改革科研体制，提高科研成果的转化和产业化水平，推动科技进步和创新能力的提升。

一个国家的创新实力体现了它在知识创造和技术创新方面的能力。人才的培养离不开优质教育，唯有如此，方能推动创新。高等教育的主要职责是培养高水平专业人才，促进知识和技术的不断更新和发展，同时致力于对社会做出更大的贡献。高等教育的实现主要借助于高等学府，而高等学府聚集了丰富的学识与人才资源，具备多学科的综合优势。高等教育机构不仅是知识创新和技术创新的中心，还是科研成果向实际应用转化的重要发源地。因而，高等教育机构在推动经济增长和社会发展方面扮演着至关重要的角色。传授知识和培养人才是高等学府的历史使命，然而，更重要的任务是促进智力资产的生成。这不仅包括学识和智慧，还包括实践能力、创新能力和创业精神。

高校应当转变教育模式，不仅要注重传授知识，还要注重创新教育。传统的知识传授模式已不再适应现代社会的需求。创新教育模式能让学生学会认知、学会实践、学会合作以及学会应对现实生活中的挑战。学生需要通过实践课程、创新项目和创业实践等活动培养实践能力、团队合作能力和解决问题的能力。这样的教育模式有助于培养学生的创新思维和创造力，为他们在未来的工作和创业奠定基础。为了实现这个目标，高等教育机构需要拥有高品质的教师队伍。具备创造能力和创业精神的高素质教师可以成为学生的榜样和引导者，其应该具备专业知识和丰富的实践经验，能够激发学生的创新思维和创业意愿，引导他们掌握创新方法和实践技能。此外，高等教育机构还应加强与行业和社会的合作，与企业、科研机构等建立紧密的合作关系，提供实习机会和创新平台，让学生能在实际环境中应用所学的知识和技能，增强实践能力和创新能力。

（二）知识共享的需要

在当今的经济环境中，知识已成为最主要的财富来源。在很多国家综合竞争力的评估指标中，知识扮演着至关重要的角色。获取知识有助于我们学习关键的生存和成长技能。只有让更多人拥有知识，才能激发社会的潜能，促使我们的国家在全球范围内持续繁荣。高等教育是一种主要的知识共享的方式，其具体实践方式是高校教师通过开展知识活动来实现的。

（三）高校师资队伍建设和管理的需要

随着中国进入知识经济时代并不断推进高等教育大众化，21世纪中国高等教育面临新的挑战和机遇。为了应对这些挑战，高校教师队伍需要具备更多的优秀人才、更高水平的素质和能力。高校应该大力引进和培养优秀人才，这包括积极引进国内外知名高校的优秀教师和研究人员、加强与企业和社会的合作、推动产学研结合，以提升教师队伍的专业水平和实践能力。同时，高校应该注重本土人才的培养和引进，给予优秀青年教师更多的成长机会和更大的发展空间。随着时代的变化，高校需要创新管理方式，以更加高效地管理高校师资队伍。高等教育机构不仅是知识产生和传播的中心，而且是知识应用的主要推动者，在知识经济时代发挥着至关重要的作用。此外，高校也被视为重要的孕育高水平创新人才和推动科学知识创新的场所。考虑到高等教育大众化的发展和知识经济时代的趋势，我们需要探索一种新的高校教师队伍管理模式，以更好地满足高校师资队伍构建和发展的需求。这不仅是高等教育进步的先决条件，而且对于我国教育事业的进一步发展至关重要。

三、传承人类文明

在教育事业的发展过程中，教师队伍的构建和治理是必不可少的要素。通过加强教师队伍的建设和管理，我们可以培养更多具备高水平知识、文化修养和能力的杰出教育工作者。教育者不仅要传播人类文明，也需要通过教育引导学生尊重人类文明。为了延续和推动人类文明的发展，学生应该积极地继承和普及文化。此外，教师队伍一直在积极地进行科学研究，不断探索人类文化，并在新的历史时期不断加强其内在含义，推动文化的创新，以此帮助建立一个更加美好的人类社会。

第二章 高校师资队伍的规划与结构

高校师资队伍的规划与结构是高校管理和发展的重要内容。本章主要介绍高校师资队伍的规划与结构，包括高校师资队伍的规划、高校师资队伍的结构两部分内容。

第一节 高校师资队伍的规划

科学管理师资的重要方面是师资规划，它的主要任务是对未来进行预测、设定目标、制定政策和方案，并指导科学管理。它是对师资数量、质量、结构等方面进行综合考虑和设想，明确师资队伍建设目标，实现计划的行动指南。高校师资管理中，师资规划是首要工作，是师资管理过程中不可缺少的工作环节。下面将专门讨论我国高校师资规划的依据、原则、内容以及基本形式。

一、高校师资规划的依据

（一）理论指导

辩证唯物论和历史唯物论是关于整个世界运动和发展的最一般规律的科学，其所概括和总结的规律，适合于任何事物、任何未来研究对象的运动和发展。因此，研究制定未来规划首先要接受唯物辩证法的指导，使制定规划的理论建立在辩证唯物论和历史唯物论的基础上，只有符合辩证唯物论和历史唯物论的规划，才是科学的规划。

马克思主义认为，物质世界总是按照自身固有的规律不断地运动发展，世间没有绝对孤立、静止和永恒不变的东西。① 自然界如此，人类社会如此，高校师资队伍也是如此。规划是对师资队伍的未来变化和发展的科学设想，需要建立在

---

① 李世书.毛泽东对马克思主义自然观的理论贡献 [J].毛泽东思想研究，2007（1）：5.

唯物辩证法的基础上，如此才能真正达到规划的目的。唯物就是指规划未来的"师资"目标，必须以现有的"师资"客观存在为基点，从实际出发，从可能达到的目标着手，没有这种"客观"，也就没有规划的未来。辩证就是指规划要根据"师资"自身的固有规律，按照规律办事。人们通过对师资队伍未来的规划而获得了对"师资"客观实际的了解和对其规律的揭示，从而有利于更好地进行师资队伍建设工作，更好地加强师资队伍的科学管理。

制定高校师资规划要考虑学校人才培养与经济发展相适应，两者必须协调发展。高校的师资规划是教育规划的一部分，教育规划是发展国民经济规划中的重要方面，对未来一定时期的教育发展进行了安排、部署，一般分为宏观规划和微观规划。宏观规划是指国家的规划；微观规划是指地区、部门乃至学校的规划。

规划的制定还应当以现代管理理论作指导，按照科学的方法来进行师资队伍的规划工作。始终要从整体与部分之间、整体与外部环境之间的相互关联、相互作用、相互制约的关系中，综合地、精确地、最佳地处理问题。要实行有计划地控制，包括预先控制、实地控制和反馈控制，及时准确地掌握情况，进行有效调节，为做好师资规划奠定良好的理论基础。

（二）现状分析

对师资队伍现状进行调查分析是制定规划的必要前提。正确的部署来源于正确的决心，正确的决心来源于正确的判断，正确的判断来源于周密的调查研究。为了达到师资管理优化的目的，制定出切实可行的师资规划，必须对师资队伍进行系统分析，了解其要素，分析其结构，研究其联系，弄清其历史变化，把握其发展方向。根据事业发展的需要，提出明确的师资建设目标和实现这些目标的措施。分析师资队伍现状，要了解与师资队伍相联系的有关情况。

要了解学校的办学性质。从政治方向上讲，要了解学校如何才能成为社会主义精神文明建设的重要基地。从学校的类型上讲，要了解学校是单科性、多科性，还是综合性；在文、理、工、农、林、医、师等学科中，向哪一个具体学科方向发展；在已有的学科方向中，重点发展哪些学科。这些都直接决定着师资队伍中的教师数量和专业教师的配置。

要了解学校的发展规模。学校的规模是制定规划的基础，不了解规模就无法制定规划，也无法建设结构合理的师资队伍。"规模"在某种意义上决定了学校的现实条件，学生规格、数量直接与学校占地面积、房屋面积、财政拨款、设备条件密切相关，是制定和实现师资规划的客观前提。

要了解师资队伍的现实情况。对于教师的政治业务素质、思想政治状况、教学水平、科研水平，要有全面、细致、具体的情况资料；对于硕士点、博士点的导师、学术带头人及学科梯队建设情况要重点掌握；对于师资队伍的年龄、职务、学历、智能、素质等方面的具体状况要详细地了解分析。只有真实、具体、系统、全面地掌握与师资队伍相关联的现实情况，才能为制定师资规划提供可靠的素材。

（三）情况预测

对高校教育事业的发展及教师需求情况的预测，是制定师资规划的基础。制定任何规划都需要进行预测，因为通过预测可以揭示事物的发展趋势、发展状况、发展后果，从而获得未来"信息"，使人们能主动地指导其发展，而后为人类社会发展服务。预测对制定师资规划具有特别重要的意义。由于科技人才的培养周期较长，因此教育必须着眼于未来，要求培养的人才能为不断发展的社会服务。国民经济、科学技术和社会发展对人才的需求在层次结构、专业结构和质量要求上都在不断地变化，只有通过预测、研究这种变化，掌握这种变化，才能采取相应对策，使师资规划适应高校教育事业发展的需要。

高校师资队伍担负着培养专门人才的任务，师资队伍的群体作用是专门人才成长的决定因素。只有根据学校的教育规模、学生专业配置的要求以及教师队伍的现实状况，预测教师队伍的发展需求，才能对学科专业教师的配备，教师年龄、学历、职务等因素的搭配组合清楚明了，才能制定出科学的、切合实际的师资规划，才能起到管理目标的指导作用，才有利于师资队伍的群体建设。

预测的方法大体可分为两类：一类是定性预测，是建立在经验逻辑推理基础上的预测方法，如人才需求法、社会目标法等；另一类是定量预测，是建立在数学、统计学、系统论、控制论、运筹学、计量学等基础上，运用数学模型、计算机等手段进行预测的方法，如系统分析法、模型法等。

常用的预测方法有如下几种：

1. 类比法

类比法是指通过比较两个事物的相同或类似之处来推断它们有可能具有相似的性质或行为的方法。先导事件是类比所依据的对象，而类比推理所得到的结论被称为类比预测。

2. 归纳法

归纳法包括头脑风暴法和特尔菲法。前者也被称作"畅谈会法"，主要是指邀请专家对要预测的某一中心问题各抒己见，发表议论。畅谈过程中既不对发言人质疑和评价，也不表示同意看法。人们从所提出的设想中得到启示，从而找出一个可行的方案。这种方法有利于集思广益，启发思想，便于广泛、深入地讨论问题。特尔菲法是以不记名的函询方式征求见解，对各种可能的前景做出概率性的估计、选择，是为规划提供决策方案的可行方法之一。

3. 演绎性预测

演绎性预测包括趋势外推法、决策树法、计算机模拟法。趋势外推法是从预测对象的历史、现状中揭示其运动和发展的规律，从而预见未来的发展趋势。决策树法是将预测对象按照其因果关系分解成连续的层次和单元，由根及干逐次外延形成系统，以推出预测结果。计算机模拟法是把预测对象中的因素函数化，使之形成逻辑程序，由计算机模拟出预测对象的发展过程，从而得出预测结果。

以上不论哪种预测方法，都不是尽善尽美的，各有长处，所以对于师资预测，应该有选择地运用或结合几种方法运用。

二、高校师资规划的基本原则

制定师资规划必须明确所要遵循的基本原则。要做到一切从实际出发，处理好近期与长期、局部与整体、重点与一般、需要与可能之间的关系，才能制定出促进师资队伍建设的工作规划。

（一）实事求是，切实可行

要改造客观世界，首先必须实事求是，一切从实际出发去认识客观世界。只有对客观世界进行深入的了解，人们才能形成准确的认知。为了规划师资队伍，我们需要全面了解现有师资队伍的情况，深入掌握内部关系和未来发展趋势。因此，在制定师资队伍规划之前，需要进行详细的调查研究，了解师资队伍及其相关的外部环境情况，找出师资队伍的内在矛盾、规律及与其他系统的联系，从而得到更深刻、更完整、更本质的认识。

制定师资队伍规划需要针对学校的现状、规模，教师的优势、不足，物质条件和管理能力等方面的情况，分析研究学校的发展趋势、需要的专业教师的数量。只有获取完整准确的数据，才能了解整体特征。要制定可行的师资规划，必须以客观实际为依据，确保规划的可靠性和有效性，行得通，做得到。这样就不会因为只看到有利条件把目标定得过高，欲速则不达，也不会由于只看到不利因素而把目标定得过低，从而延误时机，影响师资队伍建设，妨碍师资队伍素质的提高。

（二）保证重点，全面安排

制定师资规划时，需要统筹兼顾，全面安排，分清主次轻重，抓住关键，突出重点，着力解决影响全局的关键问题。一所高校的人力、物力、财力是有限的，因此在全面安排工作的基础上，需要合理利用有限资源，确保重点发挥学校的特色优势。保证重点是指在师资规划中，根据师资队伍现状和物质保障条件，突出重点学科的发展，以最大程度地发挥学校的特色优势。

例如，在师资培养方面，把重点学科的学术带头人的选拔培养工作放在首要位置，加强教师梯队建设。一所高校师资水平如何，除了看完成的教学科研任务外，还要看培养人才的质量。学术上有带头人、学术梯队健全、学术水平领先，是学校教育质量的保证，是使学校教育适应科学技术发展的重要因素。重点学科是高校的核心竞争力和发展方向，需要重点加强师资队伍的建设和发展。通过加强对重点学科教师的招聘、培养和留任，保证该学科的师资队伍数量和质量的稳步提升。同时，要给予重点学科优先的物质保障和研究经费支持，为其研究和教学提供良好的条件和环境。

根据重点学科的发展方向和需求，合理配置资源，确保师资队伍的合理结构和数量。对于重点学科，可以引进高水平的学术人才，培养一批年轻、有潜力的学术骨干，同时保障教授和专家队伍的稳定。这样有针对性的师资布局，能够提供稳定的教学和研究力量，保证重点学科的长期发展。

尽管重点学科的发展至关重要，但也不能忽视其他学科的发展。在保证重点学科发展的同时，要兼顾其他学科的师资配置和资源投入，保持学科之间的平衡与协调，以实现高校整体的发展目标。

高校师资队伍是一个复杂的系统，规划的目的是加强师资队伍建设，实现师资队伍整体优化组合。但是师资队伍整体优化的关键是其内部各因素结构组合是否合理。如果统筹安排不全面，就会造成规划的片面性，忽视"重点"或影响"重点"的发展，就会有损总体目标的实现。因此，要从整体上把握师资管理的总目标，在制定各个分目标的同时，要有突出的工作重点，要在规划中予以确定，从措施上予以保证。重点学科的发展需要特别关注，通过合理分配和资源投入，形成合理的师资布局，建立激励机制和发展机制，与学校整体发展目标相契合，以保证高校的稳步发展和特色优势的发挥。

（三）具体计划，服务规划

规划与计划既有区别，又有联系。规划是对某一时期总体工作的总方向、总目标、主要步骤和重大措施的设想蓝图。这种设想蓝图不细微规定各项具体工作指标，也不具体指明有关的工作步骤和实施措施，不提出具体的、严格的工作时间安排。在一定的指导原则和限制条件下，计划是对特定任务的具体排定和实施措施，以实现特定决策目标。计划具有详细的工作指标、措施、步骤和时间安排，具有可操作性和可检验性。在管理上，规划和计划虽然可以明确区分，但在实际工作中它们经常相互交织。

要满足师资规划提出的要求，必须有一系列的具体计划予以保证落实。由于现实的经济能力和对未来预测的技术能力的限制，人们不可能对未来了解得那么清楚，把握得那么准确，因此需要对一定时期内的工作有个具体细致的实施计划。一般来说，这个计划的时间不宜定得太长，时间越长，实现计划的可靠性也就越差。具体的计划必须有助于规划的实现，如果计划无助于"规划"，阻碍"规划"，甚至要求规划服务于某一具体计划，那么这种计划就失去了存在的意义，即使制订了计划，也没有执行的价值。如果师资队伍规划没有一套明确的、具体的、切实可行的师资队伍建设的工作计划予以保证，即使规划得正确、切实可行，也会被束之高阁。

没有规划就没有明确的目标，没有计划就没有实现目标的具体方法和措施，规划就会落空，师资管理工作就会是碰到什么干什么，想到什么做什么，成了"脚踩西瓜皮，滑到哪里算哪里"的盲目行动。因此，师资规划必须有服务于实施规划的具体计划。

三、高校师资规划的基本内容

师资规划要有明确的方向和目标，要制定出规划的基本指标，要确定实现规划的途径、步骤，这是师资规划的基本内容。

（一）师资队伍建设的总目标

师资管理首先要有正确的方向、目标，方向、目标正确，管理效能就高。师资管理效能应当等于目标方向和工作效率之积。如果方向、目标错了，是个负数，那么工作效率越高，效能的负数"值"也就越大。目标是师资管理活动的行动纲领。一所高校的师资管理是由管理者的独立工作以及系和教研室的配合完成的，如果没有共同的行动纲领，各自活动就会有盲目性，力量的方向就不容易集中。一个明确的目标是无声的动员令，有利于调动各方面的积极因素，形成一致的力量，朝着共同的目标奋斗。所以，师资规划的基本内容之一，就是要确定师资队伍建设的总目标。

高校师资队伍建设的总目标，应该是建设一支坚持正确的政治方向、数量适度、质量合格、结构合理、充满生机的师资队伍。

坚定正确的政治方向是我国社会主义高等教育事业的要求，鼓舞和指引着教师努力工作，勤奋学习，发挥才能，为社会主义教育事业贡献毕生精力。坚定正确的政治方向应当要求广大教师热爱祖国，坚持四项基本原则，自觉学习马列主义、毛泽东思想、"三个代表"重要思想、科学发展观，特别是习近平新时代中国特色社会主义思想，忠诚社会主义教育事业，以身作则，为人师表，教书育人，全面贯彻党的教育方针。

数量适度要求高校师资队伍的教师数量要与学校的发展规模相适应。

质量合格要求教师政治思想水平高、学术造诣深、教学科研能力强、教学效果好。

结构合理要求师资队伍中教师的年龄、学历、职务、专业、智能、性格等因素有一个合理的构成状态，能形成一个优化组合，整体充满生机，人才辈出。

（二）师资队伍建设的具体指标

1. 师资队伍的数量

确定师资队伍中的教师数量指标是师资管理的重要控制措施，是师资队伍建设的首要工作，因此它是师资规划的重要内容。首先，要综合考虑学校的实际情况，结合国家教育总体规划和教育部门关于师生比例的规定，确定规划期间需要招聘多少教师。为得出规划期内的教师总数，还应考虑主管部门下达的科研编制数。除了规划未来的人力资源需求，还需要考虑规划期限内教师队伍中将会有哪些人因退休或辞职而离开职位。为了在规定时间内达到所需的教师数量或者有效地增补师资力量，需要制订一份年度教师补充和调整计划。

2. 师资队伍的质量

制定规划要按照对教师政治思想素质和业务素质的要求，贯彻到师资队伍建设的各个工作环节中，如选留、培养、考核、晋升都要坚持政治与业务并重的原则。同时，要对硕士点、博士点导师的数量，重点学科教师的数量及要达到的水平，学术带头人的选拔培养及学科梯队建设等重要方面，提出具体的指标要求。这些因素通常会根据地区、高校的具体情况而有所不同。

3. 师资队伍的结构

要根据学校师资队伍现状的剖析对未来进行预测、规划。对于在规划期内的全校教师以及各级教师的平均年龄分布，教授、副教授、讲师、助教的数量及其构成比例，基础课和专业课教师的比例，具有硕士、博士学位的教师的数量及占教师总数的百分比，改善知识结构、智能结构、异质结构等方面的要求，都应当提出具体的方向。

4. 师资队伍的培养

在规划期内，要对各级教师培养的要求、原则、标准、重点、数量，对培养的方式、措施及其管理方法和考核方法，对选派骨干教师在国内外进修、考察、访问或者学术真实性等方面，提出指标要求。

（三）师资队伍建设的实施措施

学校师资队伍建设的目标一旦确定，就应当有实现规划目标的具体措施。

第一，要把好教师的选录关，做好教师的补充工作。教师的补充要有计划，要细水长流，择优录用，切忌盲目的"进""止"措施。

第二，要做好中青年教师的培养工作，分别提出培养的方案、措施。青年教师是高校的未来，加强对青年教师的培养工作是一项战略性的任务。因此，对于他们的思想教育、理论充实、基本功的训练、实际工作能力的提高，要采取多种形式、多种方法进行。中年教师是教学、科研工作的骨干，在师资队伍中起着承上启下的作用，所以要为其知识扩充、教学水平的提高和科研能力的增强创造条件。对于一些有条件的教师，要做好出国进修留学的选派工作，按需派遣、保证质量、学用一致，拟订选派计划，加强对选派人员出国前的培训，提高公派留学人员的质量。

第三，要加强学术梯队建设。学术梯队应是师资队伍组合的核心，是学术上承上启下、继承发扬、传带促进的有效方法，也是优化组合师资队伍结构的重要方法，要保证质量、充分发挥老教师的作用，选好学术带头人，明确他们的工作方向，加强培养，不断促进其提高学术水平。

第四，要健全考核制度，做好考核工作。古人云："三载考绩，三考黜陟幽明。"① 自古以来，考核就受到人才使用者的重视，是公正评价人才，从而达到合理任用、晋升的必要手段。因此，要提高考核的准确性、科学性，把考核与对教师的评价、任用、晋升、培养等各个环节的工作密切联系在一起，把考核视为这些工作的依据。如果考核不与其他工作关联，就会失去考核的意义，就不能使"评价""任用""晋升"准确公正，就起不到对教师积极性的激发作用。

第五，要做好师资队伍的调整工作。师资队伍需要在各种因素的动态变化过程中不断地建设完善，因此师资队伍建设必须做好教师的调整工作，要根据各级岗位工作的要求和需要，按照教师的实际情况量才任用，进行合理的调整、调动，各尽其才。

第六，要提高管理水平。做好师资管理工作，加强师资队伍建设，努力实现

---

① 邓苗苗.明规矩方能全面从严治党 [J].廉政瞭望，2019（8）：1.

师资规划目标，关键在于师资管理的科学化，在于师资管理者的管理水平。因此，有具体明确的提高师资管理者素质的要求、方向、指标、措施，是师资规划中不可忽略的重要内容。

四、高校师资规划的基本形式

高校师资队伍的规划一般有三种基本形式：长期型与短期型，整体型与单项型，一般型与重点型。

（一）长期型与短期型

长期规划一般指10～15年及以上期限的师资工作规划。长期规划具有战略性，受制于国家经济发展规划目标的指导，依据科学技术和教育事业发展对高校专门人才的需求，进而拟定师资战略目标和实施措施。长期规划在师资管理中起着宏观指导作用，具有较大的超前性。长期规划由于跨越时间长，在实施中要考虑到一些客观因素的变化，随着时间的推移和客观条件的变更进行必要的调整。

短期规划的时间一般为3～5年。短期规划是长期规划中的阶段性规划，与国民经济发展五年计划及学校教育事业发展对师资队伍的需求紧密相关。短期规划的目标、指标要明确，措施要具体。由于短期内各种因素的变化幅度较小，不会影响规划目标的实现，因此短期规划的准确性较高，其规划内容不宜过多变动。在实施短期规划的过程中，还需要制订年度计划予以保证。

（二）整体型与单项型

整体规划，是指对师资队伍多角度、全方位的建设进行全面规划，从师资队伍整体优化的目标出发，运用系统原理的观点，全面认识师资队伍的历史、现状和发展趋势，认真分析整个师资队伍的水平和效能，明确奋斗目标，决策实现这些目标的基本途径、办法。

单项规划，是根据整个师资队伍规划的某个方面单独制定的具体规划，它是整体规划的重要补充，如师资队伍的培养规划，学术带头人的选拔培养和教师梯队建设规划，出国留学、进修教师的选拔培养规划，教师职务晋升规划等。单项规划针对性强，目标单一，措施具体。

（三）一般型与重点型

一般型规划，是指规划所涉及的内容带有普遍性，是师资规划中必不可少的内容，如师资规划的现状分析，制定规划的指导思想，师资的补充、调整原则，师资结构的优化状态等。一般型规划的通用性、原则性较强，无论哪种类型、哪个层次的学校都可借鉴使用。

重点型规划，是指根据师资工作的重点，如学校的办学特色和知名度、学校的兴衰等，单独制定的工作规划。重点型规划的针对性较强，目的突出，是师资管理中必须保证落实的工作。在规划中，要有创造必要条件予以保证的有效措施。

第二节　高校师资队伍的结构

高校师资队伍的结构在很大程度上反映着师资队伍的整体素质和群体能力。师资队伍的整体素质和群体能力取决于教师个体素质和师资队伍的构成状态。师资队伍的结构同教师的编制有密切的联系，编制是结构的基础。只有数量适度、结构合理，才有利于发挥教师个体的积极性和师资队伍的群体优势，才有利于提高师资队伍的群体效应。

一、教师编制与师资结构

高校的教师编制和师资结构是高校师资管理的重要内容。从理论和实践的结合上阐明各自含义和相互间的联系，掌握教师编制和师资结构的规律，对做好教师的培养、任用、调整、补充等工作，对充分发挥教师的聪明才智和师资队伍的群体优势，对提高学校的教学质量和学术水平，都具有重要的作用。

（一）编制的基本含义

"编制"是指"军队、机关、企业、学校等组织及其人员数量和职务的编配数量"①。"编制"是由古代的"官制"一词演变而来的。从夏朝开始，就有了明确的"官制"，这是我国最早的编制工作。秦朝统一后，除中央政府设置一些官职外，还实行地方郡县制，把全国分为三十六郡，郡下设县，县下设乡，乡下设

---

① 吕祥.高校编制管理改革必须三个有利 [J].教育发展研究，2000（S1）：2.

亭。① 郡、县、乡、亭都配置了相应官职，分别管理有关工作。到了唐朝，进一步完备了中央、地方两级官职和机构，实行职务分权，并有了编制管理制度。各州、县的官职和编制比较齐全，还把机构编制作为强制执行的法律性制度，如对各级官员"超编"的，执行惩罚条款，超编一人要受一百杖刑，超编十人以上的要判两年徒刑。清朝把编制工作作为内阁任务之一，不仅管机构、管职务、管人员数量，而且对重要机构的满族、蒙古族、汉族人数各占比例都做了规定。到了民国，仿效欧美国家的立法、行政、司法"三权分立"的做法，并沿袭了中国封建社会的"科举制"和"御史监察制"，设立了立法、行政、司法、考试、监察等五院和参谋本部、训练总监部、军事参谋院。中华人民共和国成立以后，废除了旧制度，有了自己的编制办法。在中华人民共和国成立初期，国务院设立了一个名为"编制工资委员会"的部门。但很快，其改名为国家编制委员会，以更好地统一管理编制工作。这次改名旨在优化编制管理机制。这些调整促进了机构的优化和完善，也逐步形成了一套行之有效的编制管理制度，并积累了丰富的经验。十一届三中全会以后，特别是 1980 年、1982 年、1987 年全国进行了自上而下的机构改革，使编制工作日趋完善。

目前，我国的编制大体可划分为以下三类：

第一，凡属国家权力机关、国家行政机关、国家审判机关、国家检察机关和国家金融机关以及党派、政协、人民团体的机构编制，均列为国家机关编制。

第二，凡是为建设社会主义物质文明和精神文明提供服务，不以创造利润为直接目的的全民所有制单位为事业单位，列为国家事业编制。

第三，凡是从事工农业生产、交通运输、基本建设和商品流通等活动的全民所有制单位和它们的管理机构（主要是各种公司）的编制，列为国家企业编制。

编制工作是一项政策性和纪律性很强的工作，编制本身具有法规效能，"编制就是纪律"。组织机构的调整、人员编制的变动，都要经过严格的审批手续，任何机构编制一经审定，就不能随意变动，机构编制涉及整个国家管理体制，任何地方和部门不按编制规定行事，擅自增设行政机构，增加人员编制，都是违反组织纪律的行为。

---

① 周振鹤.关于秦代洞庭、苍梧两郡的悬想 [J].环球人文地理，2014（8）：5.

（二）结构的基本含义

结构是指物体内部的组成，包括各个成分间的比例、排列方式和相互联系。一切事物都有自己的结构状态，无论是宏观的星球形态还是微观的原子结构，时间的单向流动或者空间的三维形状，以及人类思维方式和社会活动的结构，都是由特定的构成元素组合而成的。任何事物都必须有基础结构才能存在。

对事物进行不同的排列组合，即便是使用相同的元素，也会有不同的特性、不同的物质生成。石墨之所以柔软，是因为碳元素以平面结构相连，而金刚石的硬度高则是由于碳元素以立体结构相连。这表明，即使元素相同，组合方式和比例不同，也会使物质发生重大变化，从而产生质的不同。所有物质都由若干个基本单元组成，这些单元相互联系并相互作用，从而产生各自独特的功能。

在系统论中，结构是指组成系统的各部分之间的关系、组织形式和结合方式，而功能是指系统的各部分之间协同作用和相互影响所发挥的总体效果。结构和功能是密不可分的，它们之间是相互作用、相互联系的。组成系统的不同结构部分在发挥其功能的过程中相互作用、相互制约，最终协同作用，实现系统的整体性能。而系统的整体性能又反过来影响系统结构和功能的调整和升级。只有借助于结构，我们才能将事物或系统中各个元素的共性和作用整合为整体的共性和作用。整体功能的表现会受到结构优劣的影响。一般来说，人才群体结构是指由不同职业人员比例和组合方式构成的人才群体。人才群体结构包括三方面内容：一是人才的种类和性质；二是各类人才数量的分布或比例；三是各类人才的相互联系形式。优化人才群体结构，是指在最佳的组合中让人才群体内各类人员之间的联系最为紧密和高效，各种要素和资源得到最合理的配置和利用，从而达到最佳的效益。

（三）教师编制与师资结构的联系

高校的人员编制属于事业编制。目前，我国高校的教职工数量是按照国家规定的比例，根据国家下达的招生计划和科研任务，与定规模、定专业、定学制、定任务一起来进行确定的。学校承担的教学、科研等各项任务，是确定教师编制的根本依据。学校的教师编制要使各级各类人员的数量与学校承担的任务和发展规模相适应，与学校的机构改革、人员调整和队伍的建设结合起来，精简机构、紧缩人员数量，与建立各级各类人员的工作岗位责任制结合起来，使定编落到实处，使学校各类各级人员有一个相对合理的定额，使教职工队伍有计划、按比例地发展，以达到挖掘人才资源潜力、提高工作效率的目的。

做好教师的定编是提高办学效益的重要工作环节。要提高学校的办学效益，需要在教育经费有限的情况下，提高培养符合社会需要的人才数量和质量。影响办学效益的因素很多，其中重要的因素之一是学校教师人数。所以，合理确定各类教师的编制数额，减少教师队伍中的冗员人数，人尽其才，是提高办学效益的重要措施。教师编制是实行教师职务聘任的重要前提，各级教师职务的聘任数量是依据工作岗位的性质和教师人数来确定的。只有在教师定编的基础上，才能正常地进行教师职务的聘任工作。

教师队伍的人员构成被称为师资结构，包括教师人数的比例和不同类型教师的组合情况。教师与他们的学历、职务、年龄和智力等个人要素之间存在一定的联系，这也包括实现特定目标所需的相互合作，个别教师与整个师资团队以及外部环境之间也存在着稳定的相互关系。

师资结构是一个多元化和多层次的组合，因为这里面不仅涉及教师的学历、职务、年龄、智力等要素，还需要考虑师资集体的整体层次，例如教师所处的系、教研室或课题组等。各个要素合理配置，可以形成一个优化的师资结构。把这些教师整合成一个有机的团队，让他们相互协作、高效运作、相互理解、和谐共处，并非易如反掌。通过认真研究和把握师资队伍的组合规律，可以组建一个优化的师资队伍，以满足教学、科研和学校发展建设的需要。要形成最佳结构的师资队伍，必须确保各种要素的数量比例合适，能合理处理不同师资个体之间、师资个体与师资群体之间、师资群体与外部环境之间的关系。

教师的编制和结构之间有着密切的联系，编制是衡量一所学校教育投资效率的标志之一，是师资结构的一个制约因素，从总体上讲，编制是结构的根基。高校的编制是根据学校的类型、任务、规模、专业、学制，按照教育部规定的教职工编制标准来确定教师总数。在此基础上，才能根据各系、各学科的教学和科研任务，确定基础课、专业基础课、专业课以及科研教师的各级岗位职务的比例、数量。

只有明确学校的总定编人数才能确定学校的师资结构。合理的教师编制，对教师的人才流动和师资队伍结构的优化组合，也有巨大的积极作用。这是充分开发教师能力、提高办学效益的关键。如果有些岗位缺少师资，有些岗位人才闲置、积压，通过定编到岗，落实到人，可以促进未受聘的教师流向更能发挥其作用的岗位和部门。对于人员超编的岗位，可以挑选更合适的人员上岗；对于缺编单位，由于编制数额限制，也可推动用人单位在增加人员时按需择优选聘。因此，教师队伍的定编不论对超编单位或缺编单位，在一定程度上都能起到推动人才流动和优化劳动组合的作用。

结构对编制也有指导作用。一个结构合理的师资队伍，一定能使教师个体各扬其长，各避其短，相互补充，产生一种互相促进的驱动力，可使师资队伍整体气氛和谐、思想向上、意志统一、步调一致，有战斗力。合理的结构能正确地指导科学、合理地定编。比如，对比系、室师资队伍现状可能发现师资结构不匹配、不完善，有些关键性的岗位缺少合适的人员，急需补充；有的师资队伍中出现冗员和人浮于事的现象，需要调整多余人员，使其有事可干；有的高才低用，激不起工作热情，造成人才浪费；有的低才高用，使其感到力不从心，难以胜任。诸如此类都可以为确定编制提供可资借鉴的依据，以促使系、室对编制问题进行必要的调整和采取相应措施，合理解决上述问题。编制工作既要做到有利于近期需要，又要以长远目标为指导，以近期条件和可能性为基础。

二、师资结构合理应遵循的原则

为适应现代科学的发展，高校教师需要不断扩展自己的知识领域并积极学习新知识，同时应优化整个教师群体的知识结构。在确定师资结构时，需要重视以下几点：促进学科的综合、渗透和交叉；推动学科阶梯的构建；使教学、科研和生产相结合；避免师资队伍内部的互相竞争；建立系统化的知识体系；按职责分工，让每个教师发挥所长；以培养高质量的建设人才和创造高水平科研成果为目标。在构建师资队伍的结构组合时，必须遵循以下原则：

（一）群体效应原则

群体效应指的是整个师资队伍共同作用所产生的影响和效果。在高等教育中，每位教师都发挥着重要的作用，但单个教师的力量有限，难以完成高等教育的复杂任务。只有通过团队合作，教师们才能充分发挥各自的优势，共同解决问题，共同努力实现高等教育的目标。

师资队伍的群体效应有正向和负向之分。根据辩证法和系统论的整体性原理，整体和部分之间存在着两种关系：一是加和关系，整体是构成其部分的算术和；二是非加和关系，整体的作用不等于部分的算术和，或大于部分之和或小于部分之和。师资结构群体效应作用大于其成员个人作用之和的状况称为正向效应；师资结构的群体效应作用小于其成员个人作用之和的状况称为负向效应。

在师资结构的组合过程中，应当力求正向效应。这是因为师资队伍的工作是一项协作工作，需要多人合作完成，个人是无法独自完成这种工作的。举个例子，一位教师无法独自承担高等教育中各个学科和课程的全部教学任务，但是我们可以让多位教师分工合作，这样他们的力量就能够相互补充，形成一种全新的力量，这种新势力拥有超越单一教师影响力的能力，这样就能够获得比简单的 1+1 更为显著的效果。

在一个高效的教师团队中，个体之间志同道合，能够紧密合作、互相激发，共同实现理想目标。通过相互支持、相互帮助和各司其职，团结互助的氛围会促进每个人的自我提升，增强个人及集体的自豪感和认同感，从而激发更强的主动性和创造力，形成一股强大的助推力量；相反，当群体无法保持和谐时，会产生内部矛盾和争吵，并使各方力量相互抵消，从而导致整个群体合作变得不如个体分散工作时高效。这表明，高校需要通过调整教师队伍的结构组成促进师生之间更紧密地合作。

（二）知识互补原则

随着现代科学技术的进步，教师需要掌握的专业知识日益增多，对其学科综合能力也提出了更高的要求。教师需要不断更新自己的知识和技能，学校需要对师资队伍进行合理配置，使其包含不同学科、类型和层次的教师，达到互相补充知识的效果。

人作为个体，不可能十全十美，作为群体则可以通过互补组合成最佳的结构，更好地发挥集体的作用，达到个体不能达到的目的。

在遵循知识互补原则的情况下，应该平衡师资队伍成员的智力水平，保证有高、中、低水平的成员参与。要确保由对学术有着广泛知识积累和深厚造诣的专家担任学术引领角色。学术带头人与其他成员在工作上是领导与被领导的关系，在学术上是指导与被指导的关系，这些不同知识水平的人组成群体，各自起着不同的作用，互相之间协助配合，谁也离不开谁。要考虑其成员智力的合理构成，不能单一，不能清一色，只有将不同智力、不同性格类型的人合理地组合起来，才能发挥各自的优势。互补原则既包括知识互补、性格互补，也包括年龄和心理素质方面的互补。

（三）充满活力原则

高校的师资队伍不是一个孤立的系统，需要不断地与外界进行信息交流，使师资队伍的力量适应科学技术的发展，满足高校人才培养的需要，在攀登科学技术高峰、培养高质量专门人才的事业中具有较强的竞争力。如果不能使师资队伍在学术、教学、科研、年龄等方面永远充满活力，那么其自身必将萎缩与退化。

高校的教育要满足国民经济建设的需要，要做到为经济建设服务。因此，师资队伍必须不断补充或更新专业特长，调整人才结构，使师资队伍的年龄、知识都能不断地新陈代谢。教师的补充、调整是师资队伍保持生机与活力的重要条件。历史上成绩显著的学府都注重人才开放，因此得以保持人才队伍的生机与活力。著名的英国剑桥大学卡文迪什实验室每培养出一批优秀学生，就将其输送出去另辟事业，再吸收新人进行培养。这种持续的吐故纳新使其人才辈出，成果不断，誉满全球。从卡文迪什实验室出来的学生，把这个实验室的传统与作风带到世界各地，建立了一个个新的学派，培养出一批又一批优秀人才。

高校师资管理要具备促使师资队伍人才不断吸收知识信息的能力，同时要根据社会和科技发展要求掌握人才信息，及时选聘优秀青年加入师资队伍，充分发挥青年在接受新知识、创造新知识、发明新技术方面的优势。

三、师资结构的内容

（一）学历结构

学历结构是指教师群体内拥有不同学历和学位的教师的组成情况。学历结构在教师团队的建设中起着重要作用。在教师群体中，若高学历人士的比例较大，拥有更丰富的专业知识和学术能力，则对教学和科研的未来发展具有较大的推动作用。高学历意味着教师在特定领域掌握更全面、深入的知识和技能。高学历的教师往往具备更高的专业素养，可以带来更高水平的教育教学和科学研究成果。

对于我国高校学历结构的设计与调整，要结合实际情况，从重点学校开始，有计划地提高师资队伍中研究生学历教师的比重，对现有的青年教师则应采取在职攻读研究生课程的方法，以提升学历、提高教学水平。对于高层次专门人才，特别是应用型或实践性强的高级专门人才，也不一定都要通过正规的学位研究生的途径来培养。对于教师学历结构的追求不能绝对化、一刀切、单一型，要从不同类型的学校和学科实际出发，区别对待。

（二）职务结构

职务结构是评价教师队伍素质的一个尺度，指拥有不同级别职务（或职称）的教师人数的构成情况，包括初级、中级和高级职务。教师队伍中不同职务人数的比例取决于他们承担的任务性质、数量和难度。由于高校任务和类型的不同，高校的教师职位和职称的结构也会有所变化，教授、副教授、讲师、助教之比可分为三种模式：倒金字塔形，即教授多、副教授次之、助教少；卵形，即教授、助教少，副教授、讲师多；金字塔形，即教授少、副教授渐多、讲师较多、助教最多。

在我国，学术水平较高的学校的教师队伍中，高级职务（或职称）教师所占比例更大。判断一所学校教职工的职务（或职称）构成是否合适的主要标准，是教职工的职务构成是否与他们承担的教学、科研任务相匹配，并且是否有助于形成更加强大的整体凝聚力。要使一所高校教师队伍的职务结构比较合理，必须根据学校的规模、任务和各级教师的职责，逐个教研室、逐个系进行综合分析，才能得出较合理的职务结构。

（三）年龄结构

教师年龄结构是指教育工作者年龄的分布情况。在教师队伍的师资结构中，年龄结构对于反映教学、科研能力和创造力的兴衰趋势具有重要意义。

年龄是一个与生命共存、只增不减并有极限特征的量。个人的身体状况一般与年龄相关，人的衰老和年龄成正比，所以人们常常把"年轻"和"力壮"联系在一起，把"年老"和"体弱"、"年迈"和"多病"联系在一起。

从精力上看，年轻人要比年长者精力旺盛，这是一种客观规律，不能由个人的意愿加以控制或改变。一个人总有青年、中年到老年的自然发展过程。研究表明，人的知觉能力在 10～17 岁时达到巅峰状态；18～29 岁是人类在记忆能力方面表现最佳的年龄段；在 30～49 岁之间，人的比较和判断能力最为出色；18～29 岁是人的反应速度和动作协调能力最为出色的年龄段。年龄与个人的创造力和精力水平密切相关，这是学术成就的关键因素之一。

世界各国杰出的科学家做出重大贡献的最佳年龄区间在 25～45 岁。[①] 在构建师资队伍方面，确定"最佳年龄区"是非常关键的。为了确保教师队伍的活力和创造力保持旺盛，同时培养一支不断成长的教师团队，需要设计一种符合实际需求的合理年龄结构，以满足不同专业、不同学科的特点。这在师资队伍构建中占据至关重要的地位。

（四）智能结构

智能结构是指教师团队中各具智能优势的个体在数量和协作关系方面的平衡和配合。智能是各方面因素综合作用的结果，涵盖教育和科研的能力基础。该内容涵盖教师需要掌握的基础理论、专业知识、政治理论和教育学知识，以及协助其在教学、研究、记忆、思维和实践等方面提高的能力。

合理的教师群体结构应由具有不同智能优势的人才组成，其中一些人可能在观察能力上出色，一些人可能在实践能力上更为出众，一些人可能在理论思维方面具备天赋，一些人则非常善于组织和管理。将具备多种智能的教师聚在一起，能提升教学和科研的综合水平。因为他们能相互补充，发挥每个教师个人智慧的优势，从而弥补不足之处，尽可能地发挥优势。

人的智能可以分成三种类型：再现型、发展型和创造型。

再现型人才善于学习和积累知识，并在一定条件下能再现知识。

发展型人才是以前人的知识和经验为基础，通过实践不断进步、提高和发现，展现自己的能力和潜力。

[①] 毕建新，黄培林. 青年科学基金与高校创新人才培养——以东南大学为例 [J]. 中国科学基金，2011（1）：3.

创造型人才通常能在科学技术和社会发展领域提出新的理论思维，研发新技术，并对人类社会的进步做出重要贡献。

因此，在构建教师团队结构时，应该综合考虑教师智能类型之间的适宜搭配和智能水平之间的合理匹配。只有这样，才能创建一个高效且科学的智能架构。

（五）异质结构

教师团队的异质结构指的是团队成员的特点、风格、气质等方面存在较大的差异性。异质结构对师资群体的协作能力、凝聚力和战斗力具有至关重要的影响。

心理学的两极性原理告诉人们，人的情绪都是分为对立性的两极：表现为肯定的或否定的，如满意和不满意、喜悦和悲伤、爱和憎等。

同样，构成人的素质要素或"基因"也具有矛盾的两极性特征，即一部分要素或"基因"表现为肯定性方面，即高的、强的、大的，另一部分则表现为否定性方面，即低的、弱的、小的。这种双向性使一个人的性格、气质、才干表象变得相当复杂。

另外，构成人的素质的每一个要素或"基因"内部也带有双重性，或者说包括正负两极，肯定中包含着否定，否定中包含着肯定。

在组建教师团队时，最佳的做法是将相同性格和气质的人员分开，以便能够形成不同性格类型之间的配合与协调。这样做的好处是能实现优势互补，让团队成员之间相互补充。因此，组建师资队伍，要注重师资队伍中异质结构的重要性，对于发挥师资队伍的最佳群体效应大有益处。

第三章 高校师资队伍建设理论与实践依据

高校师资队伍建设不仅需要理论指导，还需要在实践中不断地调整和完善。本章介绍高校师资队伍建设理论与实践依据，包括高校师资队伍建设相关理论、高校师资队伍建设实践依据两部分内容。

第一节 高校师资队伍建设相关理论

一、战略人力资源管理理论

德瓦纳、丰布兰和蒂奇的《人力资源管理：一种战略观点》一文的发表是战略人力资源管理产生的标志。"战略人力资源管理"的定义为：企业为实现目标所进行和采取的一系列有计划、具有战略性意义的人力资源部署和管理行为。此定义包含了四个层面的含义。

一是人力资源管理的战略性。战略人力资源是指那些在企业经营管理中扮演关键角色，并具备特定知识或技能的人力资源。

二是人力资源管理的系统性。为了保持长期的竞争优势，企业会制定一套包括人力资源管理策略、方法和工具在内的战略系统。

三是人力资源管理的契合性。契合包括两种：纵向契合，即人力资源管理要与企业的战略相契合；横向契合，即人力资源管理系统各组成部分相互之间的契合。

四是人力资源管理的目标导向性。将人力资源管理与组织经营系统相结合，采用战略人力资源管理可以提升组织绩效。

（一）战略人力资源管理的主要特点

战略人力资源管理的核心是以"人"为中心，将人视为高校最宝贵的"资产"。

为了实现高校的可持续发展，该管理方法注重对人力资源进行全方位的调整和提升，包括心理层面的优化。这样一来，高校可以通过优化人力和内部运营机制最大化地提升经济和社会效益。

通过符合国家及地方人事规定和制度的灵活性，战略人力资源管理能够制定满足高校需求的各种人力资源政策，以此构建全面的人力资源管理体系，确保高校成功实现经营战略目标。战略人力资源管理注重规划和战略性思考，通过制定有针对性的人力资源管理策略和计划来达成高校发展目标，同时要符合国家和部门的相关规定和制度。

人力资源管理者应综合考虑高校的战略目标，并积极评估和诊断高校的人力资源现状，及时为决策者提供实用的人力资源数据，以协助制订具体的人力资源计划，从而促进高校战略目标的实现。而非战略人力资源管理的作用仅限于部门内部，只能将领导提出的战略目标简单地传达给员工，不能更深入地影响高校全局战略。

（二）战略人力资源管理模型

战略人力资源管理模型分为四个层次，类似于自行车轮的结构。高校目标是轮轴心，而最外层代表高校外部环境，外部环境不仅会影响高校战略的雏形，还会影响高校的人力资源环境。第二层是高校战略层面，它确定了高校的目标。第三层是影响高校战略能否成功的关键部分，不仅包括高校战略的实施支持，还包括人员、文化、领导以及组织结构等。这些是影响高校战略成功与否的重要因素。第四层次是具体的人力资源战略，即传统人力资源管理工作的主要领域。它反映高校内部人力资源管理系统的面向，其目的是为高校的战略规划提供支持，同时促进各部门之间的协作和配合。当车辆的辐条损坏时，车轮行驶会受到影响，同时轴心会扭曲，会妨碍高校的目标实现或导致损失。战略人力资源管理对以上四个方面产生影响，实现其效益。归根结底，战略人力资源管理的核心是为了实现高校的目标。战略人力资源模型揭示了战略人力资源管理理论是立足于高校实际情况的，其第四层次着重于招募、薪酬、培训与发展以及绩效评估四个方面的要素。依据高校教育的具体特点和教师团队现行的分类管理方式，可进一步将高校教师管理范畴细化为六个方面，即高校教师分类聘任、分类调配、分类培训、分类薪酬、分类考核和分类退出等，以更好地进行分类管理。

二、教师生涯发展理论

教师的职业生涯发展是指随着时间的推移，教师的职业素养、技能水平、成就和职称等都会发生变化，同时伴随着教师在心理层面的体验和成长历程。教师生涯发展理论涉及教师在事业发展过程中的不同方面和阶段。教师生涯发展理论探讨了教师职业生涯的各个方面，并提供了不同的视角和方法来理解和促进教师的职业发展。

（一）教师生涯发展周期理论

教师生涯发展周期理论从年龄和教龄两个维度对教师生涯发展进行了划分。彼得森按照年龄将教师生涯发展划分为：第一阶段（20～40岁）——职业发展期；第二阶段（41～55岁）——最理想的职业绩效期；第三阶段（56岁至退休）——职业维持期。有学者在彼得森划分的基础上又进行了细化，将教师生涯阶段划分为：第一阶段（进入成人世界），21～28岁；第二阶段（30岁的变迁），29～33岁；第三阶段（定位），34～40岁；第四阶段，41～50岁；第五阶段，51～55岁。恩瑞与特纳按照教龄将教师生涯发展划分为初始教学期（教龄1～6年）、建构安全期（教龄7～15年）、成熟期（教龄15年以上）。纽曼按照10年教龄的平均跨度将教师生涯发展划分为任教第一个10年（教龄1～10年）、任教第二个10年（教龄11～20年）、任教第三个10年（教龄20年以上）三个阶段。按照年龄或教龄对教师生涯进行划分的理论是以时间为线索，探讨教师一生的专业发展中各个阶段的特征，为教师的培养和培训等相关研究做铺垫。

（二）教师生涯阶段理论

教师生涯阶段理论基于不同的关注点，产生了多种教师生涯发展划分形式。富勒的关注水平阶段理论是从教师的关注方向出发，将教师生涯阶段划分为教学前关注阶段、关注生存阶段、关注教学情景阶段、关注学生阶段。高瑞克从教师专业成熟的视角出发，将教师生涯发展划分为形成期、成长期、成熟期和专业全能期。麦克唐纳从教学效能的角度出发，将教师生涯划分为转换阶段、探索阶段、发明试验阶段、专业的教学阶段。冯克将教师生涯发展划分为前专业阶段、起步阶段、成长为专业工作者阶段、最佳专业水准阶段、自我和专业的再定向阶段、专业再发展阶段、退休前阶段。休伯曼将教师生涯发展划分为生涯进入期（从教1～3年）、稳定期（从教4～6年）、实验与再评估期（从教7～18年）、平淡和保守主义期（从教19～30年）、清闲期（从教31～40年）。

（三）教师生涯循环理论

教师在职业发展中会经历多个阶段，如职前、职初、能力提升、成长、职业困境、稳定时期、退休和离岗时期等，这是根据教师生涯循环理论得出的结论。此过程是动态而复杂的，需要根据不同阶段的特定成长需求为教师的职业发展提供相应的激励和支持体系。

教师生涯循环理论指出，教师的个人环境以及所处的组织环境会对其职业生涯产生影响。

（四）教师生涯实现理论

斯蒂菲从教师的自我作用和外显行为层面出发，将教师生涯发展划分为预备生涯阶段、专家生涯阶段、退缩生涯阶段、更新生涯阶段、退出生涯阶段。白益民从教师自我的批评反思所起到的作用出发，将教师的生涯发展划分为"非关注"阶段、"虚拟关注"阶段、"生存关注"阶段、"任务关注"阶段、"自我更新关注"阶段。[①] 申继亮从教师自我反思层面出发，将教师生涯发展划分为学徒或熟悉教学阶段（从教3～5年）、成长或个体经验积累阶段（从教6～7年）、反思和理论认识期（持续时间不等）、学者期（持续时间不等）四个阶段。[②]

通过对上述理论的考察与分析，可以看出，教师生涯实现理论的诸多观点和对教师生涯发展的划分更多地强调了教师个体的能动性，将教师生涯发展视为一个教师主动的、动态的发展过程。

将教师职业生涯发展理论应用于高校教师分类管理研究，可以从教师专业成长的角度拓宽研究框架，进而丰富研究内容。利用教师生涯发展理论，深入研究高校教师的个体特征，如年龄、教龄等，并分析他们随着时间变化所呈现的身体和心理变化。通过这样的探究，可以了解高校教师生涯发展的动态趋势。将高

---

① 叶澜，白益民，王丹.教师角色与教师发展新探 [M].北京：教育科学出版社，2001.
② 申继亮，费广洪，李黎.关于中学教师成长阶段的研究 [J].天津师范大学学报（基础教育版），2002（3）：1-4.

校教师生涯发展特征作为基础，将教师的动态性与大学教师分类管理相关的方面（如分类聘任、调配、培训、薪酬、考核和退出等）相结合，可以开发出一种适合的分类管理模式。

三、组织变革的阻力理论

组织变革的阻力理论认为，个体和组织对于组织变革都会产生阻力。[①] 其中，个体对变革的抵制是由人类本性产生的，包括习惯需要、安全需要、经济因素、对未知的恐惧等。组织对变革的抵制是由其本质决定的，因为组织从本质来说是保守的，所以组织会自觉主动地抵制变革。

关于组织对变革的阻力，第一个原因是结构惯性。例如，单位在选聘员工时，一般都是选拔符合组织需求的员工，入职后管理者会继续通过培训和指导使员工的行为得到进一步塑造，直到达到组织要求。员工逐渐适应了这种组织模式，组织也形成了固有的机制，而当组织一旦出现新的变革时，结构惯性会力图回到原有状态而进行反向平衡。

第二个原因是有限的变革范围。组织由众多互相依赖的子系统构成，在其中一个子系统中进行有限的变革，而其他子系统没有随之变革，那么这个进行变革的子系统可能会因更大的系统问题而趋于失效。因此，高校教师队伍管理一定要对教师队伍的组织结构和配套体系进行变革，从而有效支持转型变革。

第三个原因是群体惯性。群体现有的规则和文化会对支持变革的个体进行约束。

组织变革的阻力理论对抵制组织变革所产生的利弊进行了总结。阻力理论认为组织及其成员出于本能会抵制变革，对变革的抵制能成为具有功能方面意义的冲突起源。例如，组织成员对组织变革方案的抵制会引发对变革方案优缺点的有益讨论，使方案得到更充分的讨论，从而促使组织领导者做出更科学合理的决策。同时，对变革的抵制存在阻碍组织进程和适应性的负面效应。组织变革的阻力理论将变革的阻力从表现形式的角度划分为公开的和隐蔽的，从表现时间的角度划分为即刻的和滞后的。

---

① 李作战. 从组织变革的模式选择看组织变革的阻力及其克服 [J]. 现代管理科学, 2007(6): 2.

一般而言，最容易应对的是公开和即刻的阻力，如学校刚开始实施教师队伍转型变革时，教师会立即对转型做出反应。相对而言，隐蔽和滞后的阻力往往更能产生深远的影响力。而滞后的反应，尤其是实施变革几个月或一年之后产生的阻力反应，会让管理者意识不到这些反应是由于组织变革引起的。

总之，运用组织变革的阻力理论来分析、研究教师队伍转型发展实践中的阻力，将能敏锐地洞悉产生阻力的深层次原因。

四、三阶段变革过程理论

管理组织变革的理论和方法中，最为著名的是库尔特·勒温的三阶段变革过程理论，即当一个组织进行变革时需要经历解冻、变革和再冻结三个过程。[①]

勒温认为组织既可以是稳定状态，也可以是一种由状态力量相等的反向力量组成的平衡体；变革的推动力量是驱动力和阻力之间相互作用的结果，这两种力量相互竞争，共同引发了变革。组织中的各种力量互相竞争，互相制衡，以求在不断变幻的环境中占据优势，达成胜利。当各种力量处于不断变化的状态时，组织需要寻求一个平衡点，以保持运转正常。每当组织到达平衡点时，就会发生重大的变革。[②] 勒温提出了"三阶段组织变革模型"理论，认为组织变革是从目前平衡状态到期望状态的过程，需要建立新的平衡状态。该模型可用于指导组织变革的发动、管理和稳定。[③]

在三阶段变革过程理论中，任何组织的变革都要经历以下三个过程：

第一，解冻。在解冻阶段，必须意识到可能存在阻碍组织变革方案成功的因素，并通过不懈努力克服这些障碍，为确立组织变革的目标和方向铺平道路。勒温认为，实现组织变革首先要打破处于均衡状态的现状，这种均衡的打破要通过"解冻"来解除群体和个体的阻力。解冻可以通过增加推动力、减少抑制力这两种方法合并使用来实施。

第二，变革。变革是根据变革方案实施具体的组织变革行动，从而让组织从

① 孙玥. 基于组织变革视角深圳税务机构改革问题与对策研究 [D]. 南昌：江西财经大学，2019.
② 孟领. 西方组织变革模型综述 [J]. 首都经济贸易大学学报，2005（1）：90-92.
③ 库尔特·勒温. 拓扑心理学原理 [M]. 高觉敷，译. 北京：商务印书馆，2003.

现有结构模式向目标模式转变。变革阶段可以运用专家指导、树立典型、团体培训等方法让组织成员获得新的概念和信息，从而完成变革。在此阶段，树立榜样尤为重要。在变革过程中，要注意沟通方式及协作方式。同时，研究表明，逐步实施变革的组织不如立即行动并快速通过变革阶段的组织变革效果好。

第三，再冻结。组织发生变革行动后，个人和组织习惯于固有的做事方式和思维方式，会努力保持这种状态并抵御变革。组织变革之后，管理者必须采取步骤去巩固新的行为形成和组织架构。在重新固定阶段，必须采取加强措施，确保新的态度和行为坚定地树立起来。为确保组织变革顺利，要采取一系列措施，如制定制度、政策、流程等，以确保稳定状态得以实现。[1]一旦变革付诸实施，要想取得成功，就需要重新冻结新形式以使它长久保持下去，否则变革的成果就有可能退化消失，而员工也会设法回到以前的均衡状态，那么变革对于组织及其成员的影响将极其短暂。因此，重新冻结的目标就是通过对推动力和抑制力两者进行平衡，使新状况更为稳定，最终实现组织变革的目标。

五、人本管理理论

人本管理理论是一种强调人的价值、尊重和关怀的管理理念，它将员工视为组织最有价值的资源，注重关注员工的需求、发展和福祉。人本管理理论在20世纪60年代首次确立，并在之后的几十年中得到普及和深入发展。尽管人本管理理论在20世纪60年代确立，但在80年代才真正开始在国内外企业中得到重视和应用。在这个时期，随着社会和经济的变革，人们对待工作和组织的态度发生了转变，开始重视员工的参与、满意度和幸福感。

人本管理理念的来源可以追溯到以人为核心的思想，随着历史的推移，其内涵也有所演变。费尔巴哈的哲学学说强调以人类为中心的思维方式。这里的"人"的本质表现为：自然只在时间上是第一性的实体，而在地位上并不是第一性的；人在时间上是第二性的感性实体，在地位上则是第一性的。[2]西方文艺复兴时期提出了"以人为本"的口号，其目的是让人们从神学思想的束缚中解放出来，发

---

[1]　苟坪.电子 DK 所面向组织变革的三级培训体系构建 [D].成都：电子科技大学，2005.

[2]　顾燕.教师人本管理的理论与实践研究——以上海市西林中学的实践探索为例 [D].上海：上海师范大学，2008.

扬人的本性和天赋。这个口号是与"以神为本"相对立的，旨在充分利用人的潜能和才华。

人本管理理论的产生和发展是建立在人性假设理论基础之上的。西方管理学界存在四种代表性的假说，即泰罗的经济人假说、梅奥等人的社会人假说、马斯洛等人的自我实现人假说以及史克思等人的复杂人假说。具体来说，经济人假说将重点放在生产管理；社会人假说注重满足人的社会和心理需求；自我实现人假说将重点放在营造舒适的环境以充分激发员工的工作热情；复杂人假说主张采用灵活的管理方式，重视个体的差异性。

需求理论的研究与人本管理理论的发展是紧密相关的。人本管理理论涉及的需求理论主要是马斯洛的需求层次论和赫茨伯格的双因素理论。马斯洛提出了需求分层理论，指出人的需求是分不同级别的，包括生理、安全、社交、尊重、自我实现五个层次。马斯洛的理论指出，人类的基本需求包括前四个层次，这些需求是人类参与社会活动的先决条件。只有当人类的基本需求得到满足时，才能开始探寻更深层次的需求，例如，追求自我实现和实现自身价值，并通过这些追求实现卓越成就。[1]赫茨伯格的双因素理论将激励的因素分为两种：一是保健因素，这是维持一个合理的满意水平所需的；二是激励因素。[2]实际上，这两种理论有相似之处。赫茨伯格关注的保健因素可以视为马斯洛需求理论中较低级别的需求，如生理需求、安全需求和爱的需求，激励因素则对应着较高层次的需求，如尊重需求和自我实现需求。[3]

人本管理理论的演变历程可以分为三个阶段：古典科学管理阶段、行为科学管理阶段以及现代管理科学理论阶段。在管理学领域，泰勒代表了古典科学管理理论，梅奥及其同事则代表了行为科学管理理论。现代管理科学理论阶段则是在这两个阶段的基础之上逐步演进而来的。在实践应用上，曾出现经验管理、科学管理、霍桑实验、职工满意度管理以及"决策人"假设等。

随着社会生产方式的不断完善，人们对环境影响的关注程度不断提高。人本

---

① 吴宏伟.马斯洛的需要层次理论及哲学底蕴[J].哈尔滨市委党校学报，2006（2）：4.

② 赫茨伯格.赫茨伯格的双因素理论[M].张湛，译.北京：中国人民大学出版社，2009.

③ 马茂松.人本管理视域中的高校人力资源管理研究[D].青岛：中国石油大学（华东），2008.

管理理论成为 20 世纪末管理理论发展的主要倾向之一。学者们探究了企业在面对复杂多变的环境时所采取的适应策略，因此产生了多种理论观点和学派。这些流派涵盖系统管理学派、社会系统学派、经验主义学派、决策理论学派、权变理论学派、管理科学学派、企业文化学派等。每个学派都探讨了管理中涉及的"人"方面的议题。

六、激励理论

激励是激发人的行为动机的心理过程。激励的词义为激发、鼓励，通过内部或外部的刺激来激发人的心理动机并使其朝着既定目标前进。激励的概念主要包括四个要素：一是被激励的对象。激励是对人内部动机的激发，所以必须有被激励的对象。二是动机产生的原因（需要）。必须充分了解被激励对象内心的需要，然后激发其内在的动机和愿望。三是激励是动态的逻辑过程。它是刺激、需要、动机、行为之间的动态过程。四是既定目标。激励是激发人的内部动机并使其朝着既定目标前进，这个既定目标和组织目标是一致的，是为组织目标服务的。

西方现代主要激励理论包括以下三个方面：

一是马斯洛的需求层次理论。马斯洛将人类的基本需求从低级到高级分成五个层次：生理需求、安全需求、社交需求、尊重需求、自我实现需求。越高层次需求的满足，给人带来的安全感、幸福感和成就感越强烈。只有未满足的需求才能起到激励作用，已经得到满足的需求就不再起到激励作用。

二是亚当斯的公平理论。该理论认为人们工作的积极性和主动性不仅受到他们所得的绝对值的影响，还受到所得的相对值的影响。这里的相对值指的是个人将自己的付出与所得和他人的付出与所得进行比较，或将自己现在的付出与所得和过去的付出与所得进行比较时的比值。

三是弗鲁姆（V.H.Vroom）的期望理论。期望理论认为个体从事某一活动的激励力取决于他对这次活动全部结果的期望值乘以他预期这种结果将会达到所期望目标的程度，即 M（激励力）=V（目标效价）×E（期望值）。[①]

---

① 殷智红，叶敏.管理心理学：第 2 版 [M].北京：北京邮电大学出版社，2007.

第二节　高校师资队伍建设实践依据

一、中国特色社会主义理论

中国共产党在推进我国社会主义现代化的历史进程中，把马克思主义的基本原理同中国改革和建设的实际相结合，逐步形成了中国特色社会主义理论，成为我国改革开放和社会主义现代化建设的行动指南。党的十七大整合改革开放以来我们党理论创新的主要成果，提出了"中国特色社会主义理论体系"的科学命题，明确指出：中国特色社会主义理论体系，就是包括邓小平理论、"三个代表"重要思想以及科学发展观等在内的科学理论体系。① 党的十八大对这个命题做出新的表述："中国特色社会主义理论体系，就是包括邓小平理论、'三个代表'重要思想以及科学发展观在内的科学理论体系，是对马克思列宁主义、毛泽东思想的坚持和发展。"② 党的十九大报告及经十九大修正后的《中国共产党章程》均强调，习近平新时代中国特色社会主义思想是中国特色社会主义理论体系的重要组成部分。③ 党的二十大再次提到高举中国特色社会主义伟大旗帜，坚持马克思列宁主义、毛泽东思想、邓小平理论、"三个代表"重要思想、科学发展观，全面贯彻习近平新时代中国特色社会主义思想，阐述了开辟马克思主义中国化时代化新境界、中国式现代化的中国特色和本质要求。④

理论创新要做到两个"坚定不移，不能含糊"。中国特色社会主义理论体系是既一脉相承又与时俱进的理论体系。"一脉相承"是指各理论都以马克思列宁主义、毛泽东思想为指导。"与时俱进"是指各理论侧重于探索和解答在改革和

① 杨德山.中国特色社会主义理论体系 [J].四川统一战线，2007（11）：18.

② 中华人民共和国住房和城乡建设部.《科学发展观学习读本》之一、科学发展观是中国特色社会主义理论体系的最新成果 [EB/OL].（2008-10-30）[2023-7-10]. https：//www. mohurd.gov.cn/jigou/sjjg/jgjgdw/jgdwgzxx/200810/20081030_178769.html.

③ 中国共产党新闻网."习近平新时代中国特色社会主义思想"写入党章：立起了"新时代"思想旗帜 [EB/OL].（2017-10-25）[2023-7-10]. http：//cpc.people.com.cn/19th/gb/n1/2017/1025/c414538-29608349.html.

④ 中国政府网.习近平：高举中国特色社会主义伟大旗帜为全面建设社会主义现代化国家而团结奋斗——在中国共产党第二十次全国代表大会上的报告 [EB/OL].（2022-10-25）[2023-7-10]. https：//www.gov.cn/xinwen/2022-10/25/content_5721685.htm.

建设的不同阶段的重大问题：邓小平理论提出并初步回答了"什么是社会主义、怎样建设社会主义"；"三个代表"重要思想进一步回答了"什么是社会主义、怎样建设社会主义"，创造性地回答了"建设什么样的党、怎样建设党"；科学发展观正确回答了"实现什么样的发展、怎样发展"这一关系着中国未来前途和命运的重大问题；习近平新时代中国特色社会主义思想，形成了对于"新时代坚持和发展什么样的中国特色社会主义、怎样坚持和发展中国特色社会主义"的科学认识。眼下，我国正处于一个重要的时间节点，前进和发展面临众多新的难题和关键性挑战。随着转型时期的到来，高等教育工作的任务将会变得更为繁重和复杂。在当前中国特色社会主义进入新时代、科学社会主义进入新阶段、全球面临新变局的背景下，我们党执政所面临的考验也是前所未有的。正是在这样的历史背景下，习近平新时代中国特色社会主义思想应运而生。这是一个全新的理论框架，由一系列创新的思想、观点、判断、理念、战略和行动组成，为应对中国特色社会主义新时代的重要、本质、深层问题提供了科学的答案和理论创新。

高校教师队伍建设的核心任务和最基本要求，是围绕中国特色社会主义理论体系展开工作。要实现这个核心目标和重要使命，必须运用中国特色社会主义的理论框架，针对新情况、新问题进行研究和解决。《关于坚持和发展中国特色社会主义的几个问题》中强调："道路问题是关系党的事业兴衰成败第一位的问题，道路就是党的生命。中国特色社会主义是科学社会主义理论逻辑和中国社会发展历史逻辑的辩证统一，是根植于中国大地、反映中国人民意愿、适应中国和时代发展进步要求的科学社会主义，是全面建成小康社会、加快推进社会主义现代化、实现中华民族伟大复兴的必由之路。"[①]

高等教育的主要目标是深入贯彻中国特色社会主义理论和社会主义核心价值观，以提高教育针对性、实效性、吸引力和感染力为基本任务。实现这个目标对于高校教师队伍建设至关重要，因此需要更加准确地理解教育目标变化并加强对其的应用。在当前国际形势日益复杂多变的情况下，教师队伍需要应对资本主义的不断发展以及多元文化的冲击，以帮助大学生树立坚定的马克思主义信仰，增强文化自信，培养他们成为优秀的建设者和接班人。

---

① 田芝健. 从社会形态理论来解读中国特色社会主义道路 [J]. 中国矿业大学学报（社会科学版），2018，20（1）：3.

二、中国共产党关于教育的理论

改革开放以来，以邓小平、江泽民、胡锦涛、习近平为代表的党和国家领导集体，以中国特色社会主义实践为基础，不断丰富和发展党和国家教育方针。通过深入挖掘、整理改革开放以来中国共产党关于教育的有关理论，为新时代高校师资队伍建设提供了强大的理论支持和实践依据。

1983 年，邓小平同志提出"教育要面向现代化，面向世界，面向未来"①，教育成为实现现代化的基础。从那时起，教育改革的重点便转向了现代化，政府开始将教育政策的重点放在为社会主义现代化经济建设贡献力量上。

党的十三届七中全会提出："继续贯彻教育必须为社会主义现代化服务……全面提高教育者和被教育者思想政治水平和业务素质。"②中共中央、国务院 1993 年发布的《中国教育改革和发展纲要》规定，各级各类学校要认真贯彻"教育必须为社会主义现代化建设服务，必须与生产劳动相结合，培养德、智、体全面发展的建设者和接班人"的方针。③1995 年，这个方针被写入《中华人民共和国教育法》，以教育基本法的形式确定国家教育方针。党的十五大报告中提出科教兴国战略，促进科技、教育同经济的结合。④1999 年，《中共中央、国务院关于深化教育改革全面推进素质教育的决定》提出实施素质教育，培养全面发展的社会主义事业建设者和接班人。⑤党的十七大报告中指出，要全面贯彻党的教育方针，坚持育人为本、德育为先，实施素质教育。⑥党的十八大报告中再次强调："坚持教育为社会主义现代化建设服务、为人民服务，把立德树人作为教育的根本任务，培养德、智、体、美、劳全面发展的社会主义建设者和接班人。"⑦

党的十八大以来，以习近平同志为核心的党中央领导全党全国人民推动中国

---

① 杨德广.面向现代化，面向世界，面向未来 [M].上海：上海人民出版社，1997.
② 隋文华.利在当代 功在千秋——浅谈电大分校教师队伍的建设 [J].内蒙古电大学刊，1991（8）：3.
③ 苏文钰.加强素质教育 提高教育质量 [J].四川教育，1993（5）：1.
④ 程龙.高等教育改革必须适应经济发展 [J].重庆社会科学，1999（4）：2.
⑤ 乔进林."应试教育"向"素质教育"转轨是社会发展的必然 [J].中华素质教育，2005（1）：10-11.
⑥ 李卫红.落实"育人为本 德育为先"要有新突破 [J].中国高等教育，2008（5）：3.
⑦ 许武.立德树人是教育的根本任务 [J].中国高等教育，2013（1）：1.

特色社会主义进入新时代。在此阶段，习近平强调优先发展教育，教育的根本任务是立德树人。

2022 年二十大报告中再次强调："教育是国之大计、党之大计。培养什么人、怎样培养人、为谁培养人是教育的根本问题。育人的根本在于立德。全面贯彻党的教育方针，落实立德树人的根本任务，培养德、智、体、美、劳全面发展的社会主义建设者和接班人。坚持以人民为中心发展教育，加快建设高质量教育体系，发展素质教育，促进教育公平。加快义务教育优质均衡发展和城乡一体化，优化区域教育资源配置，强化学前教育、特殊教育普惠发展，坚持高中阶段学校多样化发展，完善覆盖全学段学生资助体系。统筹职业教育、高等教育、继续教育协同创新，推进职普融通、产教融合、科教融汇，优化职业教育类型定位。加强基础学科、新兴学科、交叉学科建设，加快建设有中国特色、世界一流的大学和优势学科。引导规范民办教育发展。加大国家通用语言文字推广力度。深化教育领域综合改革，加强教材建设和管理，完善学校管理和教育评价体系，健全学校家庭社会育人机制。加强师德师风建设，培养高素质教师队伍，弘扬尊师重教社会风尚。推进教育数字化，建设全民终身学习的学习型社会、学习型大国。"①

三、关于高校师资队伍建设的若干政策

政策是国家政权机关、政党组织或社会政治集团在一定历史时期内，为了达到相应目标而以权威形式制定的工作依据或准则。"政策和策略是党的生命。正确的路线一定要用正确的政策和策略来保证。"②党中央颁布的一系列高校师资队伍建设相关政策，其中以"改进高校青年教师思想政治工作"③"提高高校教师队伍思想政治素质"④"加强教师队伍和专门力量建设"⑤"深化新时代教师队伍建设改

①　中国政府网.习近平：高举中国特色社会主义伟大旗帜为全面建设社会主义现代化国家而团结奋斗——在中国共产党第二十次全国代表大会上的报告 [EB/OL].（2022-10-25）[2023-7-10]. https://www.gov.cn/xinwen/2022-10/25/content_5721685.htm.

②　苏日勒格.我国基层领导执行力研究 [D]. 呼和浩特：内蒙古大学，2008.

③　王兴国.以中国梦为引领，加强和改进高校青年教师思想政治工作——学习领会习近平总书记在北京师范大学师生座谈会上的讲话 [J].重庆理工大学学报：社会科学版，2015，29（5）：5.

④　胡文龙.提升高校教师队伍思想政治素质的宣传与思考 [J].产业与科技论坛，2016（8）：2.

⑤　佘洋燕.新时代如何做好辅导员工作 [J].山西青年，2019（2）：2.

革"①等政策的广泛影响，为高校师资队伍建设管理指明了方向，提供了实践依据。

（一）出台"改进高校青年教师思想政治工作"政策

2013年，《关于加强和改进高校青年教师思想政治工作的若干意见》中提出，要"改进高校青年教师思想政治工作"②，这对于在新形势下加强高校青年教师队伍建设，引导青年教师为早日实现民族复兴而奋斗有着积极意义。

1. 出台背景

"要通过多种途径方式，加强拔尖人才、学术领军人才培养，加快中青年教师培养。"③青年教师在高校师资队伍中占据至关重要的地位，他们在加速高等教育的进步和发展方面发挥了重要的积极作用。年轻的教师在教育过程中具有年龄优势，他们能够更频繁地与学生沟通，从而更直接地影响学生的思想和行为，发挥积极的示范作用。自党的十八大以来，高校青年教师在思想政治上表现良好，态势向好。他们感知自己的历史使命并投身于高等教育工作，为该领域做出贡献。年轻的教师应该肩负起责任，发挥自身的才能。

2. 主要内容

2013年5月，中共中央组织部、中共中央宣传部、中共中央教育部党组印发《关于加强和改进高校青年教师思想政治工作的若干意见》（以下简称《意见》），提出了要"切实加强青年教师思想教育引导""推进青年教师师德师风建设""加大青年教师党员队伍建设力度""拓展青年教师思想政治工作途径""着力解决青年教师实际问题"等一系列改进高校青年教师思想政治工作的意见。④在《意见》中，特别强调了青年教师思政工作的重要性，同时提出了加强政治理论学习内容和拓宽政治理论学习渠道等方式，以此达到提高思想政治素质的目的。在进行相关理论学习，如理想信念教育、中国梦宣传教育、形势政策教育等方面，我们需要更有针对性地引导、加强青年教师的思想教育。强调年轻教师师德师风的培育

① 孔德宏，王禹桐.云南省"万名校长培训计划"的实施与思考[J].云南教育：视界，2021（12）：41-43.

② 中国政府网.教育部就加强改进高校青年教师思想政治工作答问[EB/OL].（2013-5-27）[2023-7-10]. https://www.gov.cn/govweb/gzdt/2013-05/27/content_2412217.htm.

③ 同②.

④ 同②.

和发展，可以采用以下措施：加强对职业理想和职业道德的教育，完善师德考核制度，并推行包括培训、评优、监督等与师德规范相关的活动，以提升教师的师德素质和职业道德水平。为了提升青年教师党员队伍的建设水平，需要加强党员的综合素质发展，并且对党员加强教育、监管和服务。在招收、培养和管理党员的过程中，应注重加强年轻教师党员的培养和管理工作。通过强化社会实践，引导学生积极参与思想政治教育，同时在网络平台上提出新的思政工作方案，融合线上线下教育，以丰富年轻教师的教育途径，帮助年轻教师应对现实问题。通过创建成长发展平台、关注教师的心理健康状况，同时为其提供良好的工作和生活条件，提供支持和帮助。

3. 重要意义

"青年是标志时代的最灵敏的晴雨表，时代的责任赋予青年，时代的光荣属于青年。"[①]《意见》是对党的十八大精神的贯彻落实，是以习近平同志为核心的党中央在新的历史时期对青年教师思想政治建设做出的战略部署。《意见》对加强和改进高校青年教师思想政治工作的要求是：有利于提高青年教师思想政治素质，引导青年教师坚定正确的政治信仰，树立崇高的政治理想，一切为了党、为了人民；有利于促进青年教师全面发展，从思想教育、师德培育、实践锻炼、组织建设、日常管理等方面全方位锻造青年教师；有利于促使青年教师承担使命，推动青年教师精于练就过硬本领，勇于大胆创新创造，甘于矢志艰苦奋斗，为实现中国梦培养德、智、体、美、劳全面发展的社会主义建设者和接班人。《意见》的出台具有十分重要的意义，开启了新时代加强高校师资队伍建设的新篇章。

（二）出台"提高高校教师队伍思想政治素质"政策

2015 年，《关于进一步加强和改进新形势下高校宣传思想工作的意见》中提出"提高高校教师队伍思想政治素质"[②]，这个举措对于在复杂的意识形态斗争中守住高校意识形态阵地意义重大。

---

① 崔勇.心中有信仰 干事敢担当 实干不停步——学习《习近平在正定》有感 [J].国防科技工业，2020（8）：3.

② 中国政府网.中共中央办公厅、国务院办公厅印发《关于进一步加强和改进新形势下高校宣传思想工作的意见》[EB/OL].（2015-1-19）[2023-7-10]. https://www.gov.cn/xinwen/2015-01/19/content_2806397.htm.

1. 出台背景

"经济建设是党的中心工作，意识形态工作是党的一项极端重要的工作。"[1] 在推动中国特色社会主义事业向前发展的过程中，物质文明和精神文明的建设同样具有关键性意义，二者缺一不可。长期以来，高校一直是意识形态斗争的前沿阵地，有着培育和弘扬社会主义核心价值观，培养走在时代前列的奋斗者的重要责任。在党中央强有力的领导下，高校宣传思想领域始终保持稳定态势，主流健康积极向上，教师思想政治素质不断提高，青年大学生更加有理想、有信念、有担当，中国梦的实现越来越近。

2. 主要内容

2015 年 1 月，中共中央办公厅、国务院办公厅印发《关于进一步加强和改进新形势下高校宣传思想工作的意见》(以下简称《意见》)，从"切实推动中国特色社会主义理论体系进教材进课堂进头脑""大力提高高校教师队伍思想政治素质""不断壮大高校主流思想舆论"等部分对新形势下做好高校宣传思想工作做出了要求。[2]《意见》指出，要从教材、教师、教学入手，切实办好思想政治理论课，突出思想政治理论课的重点建设地位；要充分重视思想政治理论课教师的培养，造就一支有学识、有能力的思想理论建设队伍，发挥其在"推动中国特色社会主义理论体系进教材进课堂进头脑""壮大高校主流思想舆论"等过程中的重要作用。[3]《意见》强调要大力提高高校教师队伍思想政治素质，从遴选上来说，要严格聘用思想端正、政治合格的教师，建立健全教师定期注册制度；从培训上来说，要扎实培养学问高、品德高、境界高的教师，完善教师政治理论学习制度，重视教师研修和实践工作；从管理上来说，要严肃查处学术不端、为人不端的教师，推进师德建设长效机制，对违反师德规范的教师实行"一票否决"[4]。同时，《意见》强调要"配齐建强高校宣传思想工作队伍，统筹推进高校党政干部和共青团干部、思想政治理论课教师和哲学社会科学课教师、辅导员和班主任、心理咨询

---

① 徐晓风. 意识形态工作极端重要 [J]. 奋斗，2013（9）：2.

② 中国政府网. 中共中央办公厅、国务院办公厅印发《关于进一步加强和改进新形势下高校宣传思想工作的意见》[EB/OL].（2015-1-19）[2023-7-10].https：//www.gov.cn/xinwen/2015-01/19/content_2806397.htm.

③ 同②.

④ 同②.

师等宣传思想工作骨干队伍建设"①，培养一批又一批有能力、有影响的高校宣传思想工作人才。

3. 重要意义

"做好高校宣传思想工作，加强高校意识形态阵地建设，是一项战略工程、固本工程、铸魂工程。"②《意见》是以习近平同志为核心的党中央站在战略全局的高度，对新时代高校宣传思想工作新特点的深刻把握，是提高高校教师队伍思想政治素质的纲领性指导。《意见》有利于加强党对高校宣传思想工作的领导，落实高校党委的主体责任，保证高校意识形态阵地建设沿着正确的方向前进；有利于贯彻党的教育方针，紧抓立德树人根本任务，推动中国特色社会主义理论体系深入人心；有利于造就政治坚定、富有涵养、言行雅正的高校教师队伍，强化教师政治意识、责任意识、阵地意识和底线意识，提升育人能力；有利于培养衷心向党的青年大学生，激发大学生奉献青春、矢志奋斗的无限热情，增强大学生群体的凝聚力。《意见》的出台具有深刻久远的意义，为新时代加强高校师资队伍建设奠定了坚实的基础。

（三）出台"加强教师队伍和专门力量建设"政策

2017年，《关于加强和改进新形势下高校思想政治工作的意见》印发，其中强调要"加强教师队伍和专门力量建设"③，有利于办好大学、育好人才，推动高校思想政治工作进一步发展。

1. 出台背景

我国高等教育迅速发展，为党和国家培养了一大批优秀人才，"教育搞上去了，人才资源的巨大优势是任何国家比不了的"④。当前，对人才的渴望更加迫切，

---

① 中国政府网.中共中央办公厅、国务院办公厅印发《关于进一步加强和改进新形势下高校宣传思想工作的意见》[EB/OL].（2015-1-19）[2023-7-10].https://www.gov.cn/xinwen/2015-01/19/content_2806397.htm.

② 朱育锋，阚明坤.五大发展理念视域下加强高校宣传思想工作研究[J].江南论坛，2016（12）：2.

③ 中国政府网.中共中央、国务院印发《关于加强和改进新形势下高校思想政治工作的意见》[EB/OL].（2017-2-27）[2023-7-10].https://www.gov.cn/xinwen/2017-02/27/content_5182502.htm?eqid=d7e3175400035dc80000000664560dfe.

④ 刘鹏.日本人屡获诺贝尔奖对我国高等教育改革的启示[J].中国教育研究与创新，2005，2（7）：1-2.

对高等教育的要求更加严格，需要抓紧、抓好高校思想政治工作。在党和国家始终如一的重视下，高校思想政治工作成绩斐然，广大师生积极拥护以习近平同志为核心的党中央，对中国未来的美好前景充满信心，对投身社会主义事业充满热情。但社会思想文化领域的斗争不会停止且日渐复杂，高校思想政治工作面临的挑战愈加严峻。2016年12月7日至8日，全国高校思想政治工作会议隆重举行，会议深入回答了高校思想政治工作的一系列重要问题，指出做好高校思想政治工作要遵循"三因"规律，强调"高校教师要坚持教育者先受教育"①，保证高校思想政治工作队伍"后继有人、源源不断"。

2. 主要内容

2017年2月，中共中央、国务院印发《关于加强和改进新形势下高校思想政治工作的意见》（以下简称《意见》），阐述了"强化思想理论教育和价值引领""发挥哲学社会科学育人功能""加强教师队伍和专门力量建设""推进高校思想政治工作改革创新"等推进高校思想政治工作的基本措施。②《意见》指出，要从理想信念教育、社会主义核心价值观培育、中华文化传承弘扬、思想政治理论课建设等方面强化思想理论教育和价值引领；要加强哲学社会科学学科体系建设，优化教材体系、提升教师素质、完善评价体系，充分发挥哲学社会科学育人功能；要发挥互联网在思想政治工作领域的重要作用，加强实践育人、服务育人等，切实推进高校思想政治工作改革创新。③《意见》强调要加强教师队伍建设，通过强化思想理论学习，培育社会主义核心价值观，提升教师思想政治素质；通过加强师德师风建设，严格教育管理和纪律约束，提升教师道德素质；通过建立健全评聘考核机制，关注思想政治表现和课堂教学质量，提升教师业务素质；通过完善社会实践和校外挂职制度，加强岗前和在职培训，提升教师综合素质。④

---

① 中华人民共和国教育部政府门户网站. 习近平总书记关于师德师风的重要论述摘编 [EB/OL].（2021-5-11）[2023-7-10]. http://www.moe.gov.cn/jyb_xwfb/moe_2082/2021/2021_zl37/2021shideshifenglunsu/202105/t20210511_530825.html?ivk_sa=1025883i.

② 中国政府网. 中共中央、国务院印发《关于加强和改进新形势下高校思想政治工作的意见》[EB/OL].（2017-2-27）[2023-7-10]. https://www.gov.cn/xinwen/2017-02/27/content_5182502.htm?eqid=d7e3175400035dc80000000664560dfe.

③ 同②.

④ 同②.

3. 重要意义

对于加强和改进高校思想政治工作来说，全面策划是必不可少的一项重要政治任务。《意见》提供了针对新时代高校思想政治工作具有指导性的纲领，凸显了工作的关键方向。高校思想政治工作的加强和改进，决定了高校的品质、特点和办学模式。《意见》能够推动中国特色社会主义高校的扎实办学，帮助其在建设道路上注重中国历史、文化的特色和传承，并真正为国家和人民提供有效服务。通过认真借鉴世界知名大学的先进建设经验，加速建设世界顶尖大学和卓越学科，推动中国高等教育走向国际化。《意见》有利于深入贯彻习近平同志重要讲话精神，为国家和民族的事业培养一批德才兼备、踏实负责的高校教师，培养一群勇于担当、矢志奋斗的青年大学生。《意见》的出台影响深远、意义非凡，为新时代加强高校师资队伍建设提供了更详细、更深入的指引。

（四）出台"深化新时代教师队伍建设改革"政策

2018 年 1 月,《关于全面深化新时代教师队伍建设改革的意见》中指出要"深化新时代教师队伍建设改革"[①]，有助于在新形势下解决好教师队伍建设的新问题，早日实现教育现代化。

1. 出台背景

随着时间的推移，中国社会面临新的形势和考验，主要矛盾已经不同于以往，人民有越来越高的期望，期望过上更加优渥的生活，同时更加需要享受公正优质的教育。自党的十八大以来，教师队伍建设取得了显著的进步。许多教师充满斗志，做出了突出的贡献。但是，并非所有人都能达到适应新时代要求的水平。教师队伍建设在面对新的发展阶段时，尚未完全跟上时代的步伐。2017 年 10 月 18 日，十九大报告中提出，"优先发展教育事业"[②]"加强师德师风建设，培养高素质教师队伍，倡导全社会尊师重教"[③]，强调抓住历史机遇期，推动新时代教师队伍建设改革。

[①] 中国政府网.中共中央、国务院关于全面深化新时代教师队伍建设改革的意见 [EB/OL].（2018-1-31）[2023-7-10]. https://www.gov.cn/zhengce/2018-01/31/content_5262659.htm.

[②] 刘佳仪，王鹤岩.从十九大报告解读"优先发展教育事业"思想 [J].赤峰学院学报：汉文哲学社会科学版, 2018, 39（1）: 3.

[③] 王定华.深入贯彻落实党的十九大精神 全面开启新时代教师队伍建设新征程 [J].人民教育, 2017（22）: 3.

2. 主要内容

2018 年 1 月，中共中央、国务院印发了《关于全面深化新时代教师队伍建设改革的意见》（以下简称《意见》），从"加强师德师风建设""提升教师专业素质能力""切实理顺体制机制""不断提高地位待遇""切实加强党的领导"等方面入手，对教师队伍建设提出了时代要求。[①] 对于高校师资队伍建设，《意见》强调要增强高校思想政治工作的实效性，既要抓好教师党支部和党员队伍建设，充分发挥党员教师的先锋堡垒作用，也要抓好思想政治工作队伍和党务工作队伍，重视教师开展学生思想政治教育的工作；要实施师德师风建设工程，对具有教育意义的师德典型和师德故事进行大力弘扬，对现实中教师出现的失信、失范等行为进行严厉惩罚，发挥奖优罚劣的导向作用；要提高教师专业素质和质量，为其提供畅通有效的发展平台，广泛开展专业能力提升培训，着力加强创新人才、领军人物的培育；要深化教师人事制度改革、职称制度改革和职务聘任制度改革，理顺准入、评聘、考核等环节，始终坚持正确的用人育人导向，促进人才合理流动；要推进教师薪酬制度改革完善，在收入分配中体现知识价值，优化内部激励机制以适应高校教学岗位特点。[②] 同时，《意见》提出发展教育事业要将教师队伍建设置于优先谋划和重点支持的位置，到 2035 年，"培养造就数以百万计的骨干教师、数以十万计的卓越教师、数以万计的教育家型教师"[③]。

3. 重要意义

"要从战略和全局高度充分认识教师工作的极端重要性，把全面加强教师队伍建设作为一项重大政治任务和根本性民生工程切实抓紧抓好。"[④]《意见》是中华人民共和国成立后党中央首次发布的专项政策文件，为教师队伍的建设提供了前所未有的重要指引和方向。《意见》会促进培养一批热爱教学并具备良好品德的教师，提升他们在政治、社会和职业方面的地位，明确更高的综合素质和聘用标准，从而提高教师的职业待遇；推进教育现代化，坚定走社会主义教育发展道路，建设一个让人民满意的教育强国，在复杂多变的国际和国内形势下更有优势；增

① 中国政府网.中共中央 国务院关于全面深化新时代教师队伍建设改革的意见 [EB/OL].（2018-1-31）[2023-7-10]. https://www.gov.cn/zhengce/2018-01/31/content_5262659.htm.

② 同①.

③ 同①.

④ 赵静.尊师重教满园芬芳——我省全面加强教师队伍建设综述 [J].青海教育，2020（9）：2.

加丰富而优质的战略资源可以助力赢得新时代中国特色社会主义的巨大胜利，同时会为早日实现中国梦提供重要的战略机遇。随着党的十九大精神在全社会广泛传播，高校师资队伍建设迎来了具有历史意义的新阶段。因此，《意见》的发布具有重要意义，它象征着我们必须更加强化高校师资队伍建设的迫切性。

（五）出台"全面加强新时代教师队伍建设"政策

2019年，《加快推进教育现代化实施方案（2018—2022年）》印发，其中谈到要"全面加强新时代教师队伍建设"[1]，对于教育强国的建设、社会主义现代化强国的建设影响深远。

1. 出台背景

"新时代新形势，改革开放和社会主义现代化建设、促进人的全面发展和社会全面进步对教育和学习提出了新的更高的要求。"[2]面对新的机遇，加快推进教育现代化、建设教育强国需要更精准的站位、更高远的布局。经过党中央长期的实践，形成了诸如"坚持优先发展教育事业"[3]"坚持把教师队伍建设作为基础工作"[4]的一系列教育改革新思想，我国教育"短板"逐渐补齐，教师质量逐渐提高，教育影响力逐渐增强。党的十九大明确了习近平新时代中国特色社会主义思想的指导地位，明确了中国特色社会主义"五位一体"总体布局和"四个全面"战略布局，坚定了实施科教兴国战略和人才强国战略，为新时代教师队伍建设作出了新的规定和要求。2018年9月10日，全国教育大会在北京召开，习近平在大会上强调，"建设社会主义现代化强国，对教师队伍建设提出新的更高要求，也对全党全社会尊师重教提出新的更高要求"[5]，提出教育要深化改革，教师要自我提高。

---

① 中国政府网.中共中央办公厅、国务院办公厅印发《加快推进教育现代化实施方案（2018—2022年）》[EB/OL].（2019-2-23）[2023-7-10].https：//www.gov.cn/zhengce/2019-02/23/content_5367988.htm.

② 杨刚.树儒雅之范 立良师之德[J].中国教师，2019（1）：5.

③ 冯培.坚持把优先发展教育事业作为推动党和国家各项事业发展的重要先手棋[J].中国高等教育，2019（15）：3.

④ 易凌云，卿素兰，高慧斌，等.坚持把教师队伍建设作为基础工作——习近平总书记关于教育的重要论述学习研究之四[J].教育研究，2022，43（4）：14.

⑤ 邵骅.加快打通教师队伍建设堵点 不断厚植教育高质量发展人才优势[J].江苏教育，2021（23）：37-39.

2. 主要内容

2019年2月，中共中央办公厅、国务院办公厅印发了《加快推进教育现代化实施方案（2018—2022年）》（以下简称《实施方案》），从战略角度部署了推进教育现代化的十大任务，包括"实施新时代立德树人工程""推进高等教育内涵发展""全面加强新时代教师队伍建设""大力推进教育信息化"等。①《实施方案》指出，要实施新时代立德树人工程，把习近平新时代中国特色社会主义思想贯穿于教材和教学，将思想政治工作体现在方方面面，深入构建全方位的育人体系；要推进高等教育内涵式发展，落实"双一流"建设，提升高校在科学研究和创新服务领域的影响力；要大力推进教育信息化，将信息技术的优势特点充分发挥到教育教学中，打造"互联网＋教育"创新平台。②《实施方案》强调，全面加强新时代教师队伍建设是战略任务之一，必须将其抓牢抓实，要求开展师德师风建设工程，强调师德师风在教师素质中的核心地位；要求实施教师教育振兴计划，夯实教师专业水平和业务能力；要求健全教师管理制度，为教师提供公平合理的发展机会；要求保障教师合法权益，优化教师薪资待遇。③《实施方案》还从"全面加强教育系统党的建设""全面推进依法治教""完善教育经费投入和管理机制""加强教育督导评估"四个方面明确了推进教育现代化的保障措施，旨在确保方案的落细、落实。④

3. 重要意义

《实施方案》的设计理念源自党的十九大和全国教育大会，旨在促进教育现代化，打造教育强国。它是全面规划和高水平策略设计的关键步骤，意义重大。《实施方案》可以推动国家的现代化进程，发挥教育在促进国家繁荣和改善民生方面的重要作用，同时有助于构建更具创新能力和更强大实力的国家，有助于集中精力解决教育改革中备受关注和难度大的问题，满足公众对于公平优质教育的期待。我们的目标是在2035年之前通过推进教育现代化，将我国的教育体系建

---

① 中国政府网. 中共中央办公厅、国务院办公厅印发《加快推进教育现代化实施方案（2018—2022年）》[EB/OL].（2019-2-23）[2023-7-10]. https://www.gov.cn/zhengce/2019-02/23/content_5367988.htm.

② 同①.

③ 同①.

④ 同①.

设为一个达到强国水平的系统。这样做，我们可以对推动建设社会主义现代化强国做出重要贡献。《实施方案》的出台是回应时代对于实现长远利益的公益计划的需求，在新时代加强高校师资队伍建设方面具有极其重要的意义。

（六）出台"加强新时代高校教师队伍建设改革"政策

2021 年，《关于加强新时代高校教师队伍建设改革的指导意见》印发，其中指出"建设政治素质过硬、业务能力精湛、育人水平高超的高素质教师队伍是大学建设的基础性工作"[①]，对于国家繁荣、民族振兴、教育发展有深远影响。

1. 出台背景

国家繁荣、民族振兴、教育发展需要我们大力培养造就一支师德高尚、业务精湛、结构合理、充满活力的高素质专业化教师队伍。[②] 建设政治素质过硬、业务能力精湛、育人水平高超的高素质教师队伍是大学建设的基础性工作。党中央从新时代坚持和发展中国特色社会主义、实现中华民族伟大复兴中国梦的战略全局出发，对新时代高素质教师队伍建设做出的深刻论断，为加强新时代高校教师队伍建设改革提供了根本遵循。高等教育内涵式发展，需要高素质、专业化、创新型高校教师队伍予以保障。

2. 主要内容

2021 年 1 月，教育部等六部门印发《关于加强新时代高校教师队伍建设改革的指导意见》（以下简称《指导意见》），深入落实中共中央、国务院《关于全面深化新时代教师队伍建设改革的意见》和《深化新时代教育评价改革总体方案》，推进加强新时代高校教师队伍建设改革。《指导意见》聚焦高校教师队伍建设关键领域和重点方面，提出高校教师发展支持系列举措。在全面加强党的领导，不断提升教师思想政治素质和师德素养方面，提出加强思想政治引领、培养弘扬高尚师德、加强高校教师"四史"教育、强化师德考评落实等措施。在建设高校教师发展平台、着力提升教师专业素质能力方面，提出健全高校教师发展制度、夯

---

① 中国政府网.健全高校教师发展支持体系 造就高素质专业化创新型高校教师队伍——教育部教师工作司负责人就《关于加强新时代高校教师队伍建设改革的指导意见》答记者问 [EB/OL].（2021-1-27）[2023-7-10].https://www.gov.cn/zhengce/2021-01/27/content_5583073.htm.

② 同①.

实高校教师发展支持服务体系等措施。在完善现代高校教师管理制度，激发教师队伍创新活力方面，提出完善高校教师聘用机制、加快高校教师编制岗位管理改革、强化高校教师教育教学管理、推进高校教师职称制度改革、深化高校教师考核评价制度改革、建立健全教师兼职和兼职教师管理制度等措施。在切实保障高校教师待遇，吸引稳定一流人才从教方面，提出推进高校薪酬制度改革、完善高校内部收入分配激励机制等措施。在优化完善人才管理服务体系，培养造就一批高层次创新人才方面，提出优化人才引育体系、科学合理使用人才等措施。在全力支持青年教师成长，培育高等教育事业生力军等方面，提出强化青年教师培养支持、解决青年教师后顾之忧等措施。①

3. 重要意义

《关于加强新时代高校教师队伍建设改革的指导意见》明确了新时代高校教师队伍改革的一系列方向性、根本性、具体性问题，对推进高等教育内涵式发展、深化新时代教育评价改革、办好人民满意的教育具有重大意义，也标志着我国在推进高质量教师队伍建设上迈出了关键一步。

---

① 中国政府网.健全高校教师发展支持体系 造就高素质专业化创新型高校教师队伍——教育部教师工作司负责人就《关于加强新时代高校教师队伍建设改革的指导意见》答记者问[EB/OL].（2021-1-27）[2023-7-10].https：//www.gov.cn/zhengce/2021-01/27/content_5583073.htm.

第四章　高校师资队伍建设的有效机制

高校师资队伍建设的有效机制是确保师资队伍优质、稳定和可持续发展的关键要素。本章主要介绍高校师资队伍建设的有效机制，包括师资优化机制、师资管理机制、教师激励机制、教师绩效评价机制、师资培训机制五部分内容。

第一节　师资优化机制

在社会主义市场经济体制形成的过程中，要构建师资队伍优化的机制，首先要思考和研究"教师资源"问题，确保优秀的人才从事教师工作。

一、教师资源的开发与合理配置

资源是一个经济学术语，泛指社会财富的源泉。迄今为止，人类拥有的资源包括自然资源、资本、人力资源及信息资源。此外，许多人把管理视作第五种资源。

教师资源是人力资源的一个组成部分，是指存在于教师身上的教育财富的创造力。教师资源除了具有能动性、时效性、社会性、再生性等与其他人力资源相同的特点外，还具有创造性和示范性两个鲜明的特点。教师劳动的创造性在于其劳动的对象是"人"。教师只有通过创造性的劳动，才能对学生实现人类文化的传递，促进学生个体身心发展，加快学生个体社会化的进程。在教育过程中，教师的道德、人格、形象的力量强烈地影响着学生。教师的理想、情感、态度、道德修养、仪表及各种行为举止都对学生起着示范作用。

（一）教师资源的开发

资源开发是人类发现、开采、发展与充分利用资源的过程，开发教师资源就是发现、发展和充分利用教师的创造力。

教师资源开发基于两个前提：一是教师资源存在各种形式的短缺，难以满足教育活动的需要；二是教师资源远未得到充分开发，还有许多潜在的教师资源可以利用。如果能通过在职培训和教育实践不断地更新教师的教育观念和知识结构，提高教师的教育教学能力水平，培养和造就一大批骨干教师和学科带头人，就能全面提高教育教学质量。这种把教师潜在的能力转化为现实的能力的过程实际上就是对潜在的教师资源的开发，而且是最有效益的开发。开发教师资源是振兴教育、实现教育现代化的希望所在。

随着教育优先发展的战略地位的确立，国家、社会各界对教育越来越重视，对教育投入的力度也越来越大。在教育经费有限的条件下，能否最大限度地发挥现有教育设施和经费的作用，除了教育体制和机制的因素外，师资也是一个不可忽视的关键性因素。学校教育的效率和效益最终要通过所培养的人才的数量和质量体现出来。教师作为各级各类人才的直接培养者，其教育的质量决定着未来人才的质量，其自身的素质影响着未来人才的素质。

因此，衡量教育现代化的标准最主要的不是高标准的校舍、先进的教育设施，而是教师资源开发的质量与水平。从这个意义上说，优先发展教育，必须优先开发教师资源，要把一部分教育经费用于教师资源的开发和利用。要通过开发新的教师资源和提高现有教师资源的利用率来满足教育改革与发展的需要，真正造就一支德才兼备、结构合理、素质优良、富有活力的师资队伍，这是实现教育现代化的关键所在。

（二）教师资源的合理配置

教师资源作为进行教育活动和推进教育发展、培养各类人才的重要资源，应在各级各类学校之间进行合理配置，以充分而有效地利用。

1.教师资源合理配置的原则

（1）合理分布原则

合理分布原则要求按照一定时期的教育发展水平和教育发展战略目标合理分配教师资源，使教师资源的分布能维系各种平衡关系。一是地区平衡。教育发达地区与教育欠发达地区之间，城市化地区与农村地区之间，在教师资源拥有量上保持合理的比例关系。二是结构平衡。基于各级教育结构的调整和教育发展目标，在基础教育、职业教育、高等教育和成人教育之间按一定比例调配教师资源。三是学校平衡。不同性质、不同办学体制关系、不同规模的学校之间的教师资源拥有量保持一定的平衡关系；四是学科平衡。各专业、各学科教师保持合理的比例结构。

（2）有效使用原则

教师资源是教育资源中最为宝贵的财富，要有效地加以使用。要按照对教师需求的程度在地区、学校之间适量投入教师资源，避免出现教师稀缺和教师过剩现象。

（3）开放性原则

教师资源配置是一个开放系统，应保证教师资源的全方位流动，只有这样，才能实现教师资源的合理分布和有效使用。开放性原则也要求在教师资源配置过程中赋予学校和教师自主选择的权利，学校有权选择教师，教师也可以选择学校，通过学校和教师的双向选择，实现教师资源的优化配置。

2. 教师资源合理配置的方式

在我国实现大教育和适应当今社会变化的过程中，快速并且合理地调配教师资源是一个至关重要的任务，需要在各地区、各学校之间进行。

自中华人民共和国成立以来，我国曾实行基于计划安排教师资源分配的管理措施。这意味着政府会依据地区的教师供求情况制订计划，并将其传达给相关部门和学校，要求其执行。在中华人民共和国成立初期，这种配置方式曾对推动事业发展起到积极作用。随着社会经济和教育业的迅速发展，单一国家计划的方法已无法精确地反映需求，也无法及时地实施计划。

随着社会主义市场经济的发展，教育界正逐渐采取以市场为基础的方式进行教师资源的配置，这已经成为教育事业发展的必然趋势。把市场作为基础来配置教师资源有很多好处。首先，这种方式将决策分散给学校和教师来做。这样一来，双方都能共享社会上的人才需求和供应信息，解决了社会化人才供求信息广泛分布和中央决策之间的矛盾。其次，教师资源配置由学校和教师依据市场信息自主作出决策，通过效益计算来协调各方利益，保证局部利益与社会利益的一致性。

通过对比发现，按市场需求配置教师比按计划分配更加快捷、合理和有效。当使用市场配置教师资源的方法时，必须将学校和教师视为市场的参与主体来考虑。

对于学校而言，应当具备实际的用人自主权，这样学校才能依据自身利益和劳务市场信息作出相应决策。学校应该具备自主招聘权，包括决定招聘有何种背景和人才特质的教师，以及招聘的教师数量。

作为教师，应该拥有自主选择学校的权利。教师可以选择接受或拒绝聘用，实现与学校的双向选择。

3. 教师资源配置的市场

要采取以市场为基础配置教师资源的方式，必然要建立和健全教师资源配置的市场。市场有其内在的运行规则和机制，教师资源配置市场是整个人力资源市场体系的组成部分或子系统，教师资源的市场化优化配置通过市场固有的机制而得以实现。教师资源配置市场内同样含有价格机制、供求机制和竞争机制，这三大机制相互作用，由此形成教师资源配置市场运行的基本规律。

在教师资源配置市场，用人的学校和求职者之间的双向选择是一种利益交换，而教师劳动力价格是联结双方利益交换关系的纽带。在教师资源市场配置的过程中，由教师劳动力质量决定并受供求关系影响的劳动价格自发地调节教师人才的流向及分布，并引导教师提高自身的职业素质。

教师资源配置市场的供求关系始终处于"不平衡—平衡—新的不平衡—新的平衡"的动态活动过程中，这种供求矛盾的存在，是教师资源配置市场存在和发挥应有功能的前提。供求矛盾影响教师劳动力价格，进而调节教师人才流向，从而引发教师资源的结构调整。

市场的本质特征就是竞争。市场竞争是由价值规律和供求关系共同作用的结果，这种竞争在教师资源上起着基础性作用。在教师资源配置的市场上，求职者凭借各自的实力相互竞争，优秀人才从中脱颖而出。用人学校依据优胜劣汰的原则进行择优录用。通过互相竞争的求职者和用人单位来实现优化流动教师人才的配置，确保双方能够进行相互选择。当然，竞争行为须遵循一定的规则，每一位竞争者具有平等参与的权利，竞争的方法及程序应予以公开，学校应按照择优原则录用教师。

二、鼓励优秀人才从事教师工作

教师是影响一所学校能否为社会主义建设培养出全面发展、具有社会主义意识、拥有文化素养的合格人才的关键因素。随着人们认识到教育在整个社会经济发展中的重要性，建立高水平的师资队伍的价值也逐渐受到重视。

当前，除了加强对在职教师的培训，提高整体素质外，还应采取有效的措施吸引和鼓励优秀人才从事教师工作。随着教师资格制度的实施和以市场为基础配置教师资源机制的形成，采取这个措施的条件已日趋成熟。

（一）打破内循环，拓宽来源渠道

教师资格证书制度的确立为吸引和鼓励优秀人才从事教师工作创造了有利条件，一方面要继续吸收师范院校的优秀毕业生，另一方面要吸引和鼓励非师范类有能力且有志于从教的优秀毕业生到高校来任教。同时，要吸引和鼓励社会上各行各业的优秀人才从事教师工作。虽然这些人没有从事过高校教育工作，但只要对教育事业有浓厚的兴趣，甘愿为教育事业奉献，加上社会阅历丰富、对教育与各行各业的关系了解清楚等，经过一段时间的职业培训和实践，也有希望成为优秀教师。

（二）提高教师待遇，增强职业吸引力

要吸引和鼓励优秀人才从事教师工作，就必须大力提高教师待遇，真正使教师职业成为令人羡慕的职业。要吸引优秀人才从事教师工作，要优化师资队伍，大力提高教师待遇，不断增强教师职业的吸引力是至关重要的。这是全球共识，是在吸取历史经验教训的基础上得出的结论。要确保教师在社会中拥有崇高的地位，并不断吸引优秀的人才加入教师队伍，同时通过立法明确规定教师任职资格的严格要求和对教师职责的要求。这样，实现教育现代化就有了可靠的保证。为了确保师资队伍不断优化，教育行政部门和学校还应该认真研究和构建师资队伍的管理机制。

第二节　师资管理机制

为了有效推进师资队伍建设，需要研究管理机制，实现教育行政管理制度和学校管理制度与师资队伍之间的有效衔接和互相促进。这种做法是确保教师团队建设规范有序进行的有效途径，同时能充分调动教师献身教育事业的积极性，从而达到师资队伍不断优化的目的。

一、实行教师职务聘任制

教师职务聘任是指学校领导在各级职务限额内，按照任职条件，经过考核评审，在校内外择优录用或晋升教师。这种任用教师的制度，就是教师职务聘任制。

（一）实行教师职务聘任制的作用

教师职务聘任制的核心目标在于选拔人才，合理配置和高效利用人才。其主旨在于确保优秀人才及时入职或升职，并分配到相应的职务，最大限度地发挥其才能。推行教师职务聘任制是确保学校教师团队建设稳固的关键措施，主要有以下几方面作用：

1. 有利于师资水平的提高

职务与职责是紧密相连的，通过职务聘任，在学校与教师个人双方同意的基础上，用聘书或任务书的形式明确规定每一位教师的职务与职责，使各级教师明确聘任相应级别的职务岗位的标准，就能激励教师努力达到目标，刻苦勤奋学习，不断更新知识，提高教育教学水平，从而促进师资队伍整体水平的提高。

2. 有利于青年教师脱颖而出

由于教师的聘任有一定的期限，聘任的过程实行"双向选择"，教师可以通过竞争找到较适合自己的工作岗位，有利于发挥教师各自的优势，以适应竞争形势，吸引优秀人才补充到师资队伍中来。这样，在学校内部更加强化了对人才的重视，使符合条件的教师，特别是优秀的教师，不论年龄与资历如何，都能够被聘任到相应的职务岗位上，促进优秀的青年教师脱颖而出。

3. 有利于教师人才流动

由于各级教师职务是有限额的，聘任又是有期限的，"双向选择"的结果就是必定有一部分教师未被聘任，也有些教师拒绝聘任，有的自愿要求调动工作岗位。这样既促进了人才流动，也推动了离退休制度的贯彻执行，使人才流动、新旧交替形成习惯与风气，有利于优化师资队伍，使之保持应有的活力和动力。由此可以看出，实行教师职务聘任制的作用在于改革学校师资管理制度，建立起符合教师工作特点、符合教师成长规律、充满活力的新的管理制度，有利于营造一个思想活跃、合理竞争的环境，最大限度地发挥教师的作用。

（二）教师职务聘任制的基本内容

承担各级职务的教师，应有基本的学历要求，履行相应的职责，完成一定的工作量，达到相应的水平。根据各级各类学校不同的基础、条件、任务、编制以及办学水平，各级职务限额也不同。在规定的各级职务限额内，如果有缺额，学校可以从校外招聘教师，也可以晋升原有的教师。在聘用教师时，学校可根据自身需要和标准进行考虑，而教师个人可以结合自身专业技能和兴趣爱好选择适合自己的工作职位。学校解聘教师或者教师要求辞职，都应在规定的时间内预先通知对方。教师在聘期内领取相应的职务工资。

（三）教师职务聘任的基本过程

1.计划

制订教师聘任计划，首先要做好基础工作，确定教师总编制，设置各级教师岗位以及确定各级教师职务限额等，在此基础上，学校可以制订每年具体的聘任计划。聘任计划一般包括三部分内容：第一部分是在原有教师中聘任为原职务的计划——续聘；第二部分是引进、录用新教师的计划——新聘；第三部分是晋升职务的计划——高聘。

2.考核

要做好聘任计划中的三方面工作，关键的一环是考核。无论是教师续聘原职务还是晋升高一级职务，抑或补充录用新教师，都要逐个认真考核其工作绩效。对于拟晋升对象，还须根据规定的评审程序进行评审，最后由校长根据任务需要与考核结果确定聘任的名单。

3.聘任

对于聘任的教师，应由校长下发聘书。聘书上要写上聘任教师的姓名、职务名称、聘期，也可以写上在聘期内具体担任的教育、教学、科研和社会服务等方面的任务。为了改革人事管理制度，有的地区、有的学校实行聘任合同制。按照这种管理制度，学校聘任教师就要双方签订合同。聘任合同内容除具体任务要求与合同期限外，还有双方承担的其他任务与权利，如工作、进修条件、报酬、福利、住房情况、工作制度与纪律、违反合同承担的责任等。

二、坚持教师竞争上岗、合理流动

实行教师职务聘任制以后，学校可以聘任教师，也可以辞退教师，教师个人可以接受聘任，也可以辞职。这种教师个人工作岗位的变动，就是现在所谓的"教师流动"。

（一）教师流动的意义

1. 有利于教师素质的提高

教师的水平和能力是在变化和发展的，从刚毕业踏上教师岗位到成长为教育教学、教育科研的骨干有一个过程。在这个过程中，由于种种原因，有的人进步较快，有的人进步较慢，发展是不平衡的，这是人才成长的必然规律。对于学校来说，每年有百分之几的教师调出，又有百分之几的教师调入，客观上就制造了竞争的氛围。对于教师个人来说，一生换几次岗位，可以不断调整自己的知识结构，丰富教育教学、科研经验，拓宽学科视野，提升独立工作的能力、适应环境的能力、克服困难的能力、处理人际关系的能力。因此，教师流动不仅符合人才成长的规律，也有利于师资队伍整体水平的提高。

2. 有利于师资队伍结构日趋合理

教师的流动可以改变许多学校教师队伍结构不合理的状况。通过调整与流动，教师队伍的各种结构逐渐合理。

3. 有利于提高办学效益

实行教师职务聘任制，形成教师流动，把竞争机制引进学校，可使素质高的人能成为教师，不适合做教师的人能调离，教师队伍能在流动过程中组织更加精干，队伍结构也更加合理，实现教师个人与工作岗位的最佳配置，做到人尽其才、各得其所。这一切都有利于提高办学效益。

（二）促进教师流动的做法

1. 形成教师合理流动的观念

教师合理流动的目的是实现教师队伍的最佳组合，优化教师队伍结构，发挥群体的最大效益。这就要求教师个人的志向与学校的需要、社会的条件有机地结合起来。通过"双向选择"与市场调节，教师与学校之间可以逐步求得相对的最佳配置，达到暂时的稳定。经过一段时间以后，又会再流动、再组合。师资队伍就是在流动—稳定—再流动、调整—最佳组合—再调整中建设的。

2. 完善教师职务聘任制

要进一步建设好师资队伍，必须完善教师职务聘任制，真正实行"双向选择"，即教师本人可以选择学校，学校可以择优聘任。也可以实行教师聘任合同制，合同期间，双方遵守合同条款，合同期满，双方可以再次"选择"。但是，这样的做法必然出现未聘、拒聘的教师，因此要制定相应的政策进行安排。

3. 发挥教师人才市场的作用

教师流动的目的是优化配置教师资源，充分发挥教师的积极性和创造性。要做好这项工作，就必须借助教师人才市场的作用。因为这是教师合理流动的"媒介"，是储蓄教师人才的"银行"，是学校与教师之间的"桥梁"。教师人才市场的主要职责是储存教师人才信息，免费办理教师流动的具体手续，包括介绍、推荐、调进、调出等。

三、完善教师晋级制度

（一）职称改革的主要作用

通过考核评审择优聘任，激励了广大教师奋力进取的积极性。同时，由于对各级职务的教师都规定了明确的职责，从而使教师能认真履行自己的职责，努力做好本职工作。由于聘任制的实施，在教师和干部中开始树立新的观念。打破论资排辈，进行公平竞争，从而不断调整教师的工作目标和知识、技能结构，促使一大批优秀中青年教师脱颖而出。优秀中青年教师的迅速成长，增强了教师队伍的活力。

（二）进一步完善教师晋级制度

目前，可从以下几方面进一步完善教师晋级制度：

1. 科学地确定职务定额和结构比例

教育行政部门应严格根据各校承担教育教学任务的情况，并适当考虑各校原有的基础和实际水平来确定各级教师职务的结构比例。这不但便于教育行政部门进行宏观控制，也有利于学校形成自我调节的机制。

2. 健全教师考核制度

考核是教师职务晋升的基础工作。只有建立科学的考核制度，每学期或每学年对教师的政治思想、教学、科研和社会服务工作进行全面考核，并建立完整的业务档案，职务评审工作才有坚实的基础和科学的依据。科学地设计考核指标，用定性和定量相结合的方法，通过多种途径来进行，如听取学生、同行、专家、领导的意见等，如此将取得较好的效果。

3. 改进评审工作

改进评审工作的中心问题是严格掌握标准，保证质量。各地可根据国家教委关于职务晋升的要求和条件，针对本地区的实际情况制定实施细则，将晋升标准具体化、规范化。标准应该是严格统一的，不能随意解释。这样既能更好地保证评审质量，又有利于形成标准面前人人平等、激励教师竞争进取的局面。

为了更好地保证评审质量，除了要有比较具体、严格的标准外，还应该有严格的评审程序，适当提高评审工作"透明度"和加强民主监督。不少学校在实践中做了一些有益的尝试。例如，把教师个人向评审组织汇报作为程序中的一个环节。汇报时，其他申请人可以同时在场。这样一方面可以消除教师个人担心自己的情况别人不甚了解的顾虑，另一方面也可以使申请者之间有个比较。

4. 建立正常的工资晋升制度

必须理顺职务和工资的关系，使教师在胜任工作的情况下，不论是否晋升高一级职务，都能定期增加工资。

5. 创造教师合理流动的大环境

必须大力宣传教师合理流动的观念，创造教师合理流动的环境氛围。同时，要积极创造教师合理流动的条件，形成教师合理流动的机制。

师资队伍的管理机制是否富有活力，最终要看教师是否与教育组织和制度形成互动关系，而激励是这种互动关系的催化剂和润滑剂。所以，要解决好人与组织的互动关系，不得不研究激励机制。

第三节　教师激励机制

激发教师的热情和积极性是学校管理的一项重要职责。学校领导应该培养教师对工作的责任感，激发他们的创造性和主动性，以保持工作热情和积极态度。采取这种方法有助于提高教育教学质量和工作效率。人的积极性的激发和保持在管理学中一般统称为激励。因此，学校管理必须运用激励原理，建构科学的教师激励机制。

一、激励的概念

个体的需求和动机是在心理上呈现的，要使这些需求和动机转化为可见的行为，需要外部因素来加以引导和推动，这种引导和推动的力量被称为激励。在心理学上，激励是指个体受到内部或外部刺激，产生并维持一种兴奋状态的心理过程，从而激发工作动机，有效地达成工作目标。

在学校管理中，要研究在怎样的条件下教师会把自己的教育教学工作当作一种乐趣和追求。教师职业特点决定了教师应具有强烈的成就感、公平感和满意感。校长要使自己成为善于不断引发教师心理动力的激励者，就应该认真学习和研究激励理论，产生有效的激励行为。

二、激励的主要理论

激励理论探究了人类需求动机以及行为规律，以促进和引导人们表现积极的工作态度和行为。人的需要、动机多种多样，人们从不同的角度、不同的途径来研究激励，就有各种激励的理论。下面根据教师的职业特点介绍几种影响较大、比较成熟、对构建师资队伍激励机制有一定价值的理论。

（一）活化理论

美国心理学家斯克特提出活化理论，该理论认为大脑皮质的兴奋状态和所受的刺激强度有关。刺激过弱不能引起兴奋，过强的刺激会引发超限抑制，只有强度适当的刺激才能引起相对稳定的兴奋。"活化"指的是通过使大脑受到刺激而激发其兴奋状态。在学校管理中，如何激发下级的积极性，提升工作效率，需要找到恰当的激励方式和强度。活化水平与工作成绩之间存在一种倒 U 形曲线关系（图 4-3-1）。

当人的活化水平降低时，会显著降低其对工作的敏感度和警觉性，此时感官运作减弱，身体协调性下降，工作表现也会跟着下降。但当人的活化水平逐渐上升，活化水平适中时，工作表现会达到最佳状态。活化水平过高，工作表现反而不好。原因是过度紧张会导致无法控制肌肉，可能使人失去动作的协调性或者造成人精神上的疲劳。达到极端时，会使人反应混乱，这说明一个人的能力发挥有一个限度，不恰当的激励起不到应有的作用。

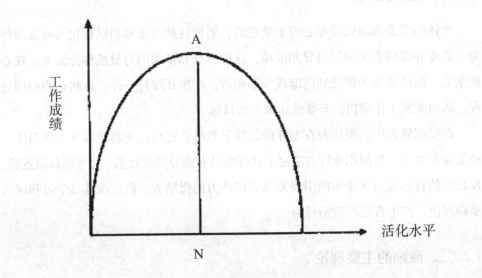

图 4-3-1　工作成绩与活化水平的关系

（二）期望理论

期望理论是美国心理学家费鲁姆（V. H. Vroom）提出的。这个理论的公式是：

MF=E·V

MF 是激励的程度，指调动一个人的积极性，激发人内部潜力的程度。

E 是期待，指一个人对于特定的活动可能导致一个特定成果的信念。

V 是效价，是指个体对通过自己的努力所得到奖酬的重视程度。

根据这个公式，当一个人越认为自己能够实现追求的目标，或者他对这个目标的价值评估越高，他的动机就会越强烈，他的激励水平也会因此上升，从而使他的内在潜力最大化。

期望理论的核心是期望值。一个人积极性被调动的程度取决于各种目标价值和期望概率的乘积。激励对象将目标价值看得越大，估计实现的可能性越大，这时激发的力量也就越大。

（三）公平理论

公平理论的研究内容是工资报酬的公正性与合理性，以及这些因素对职工工作积极性的影响。如果人们觉得自己的付出和所得与他人相比是不公平、异常或不合理的，就会感到不满意，并且可能会导致他们失去工作动力。此外，人们也会把自己现在的付出和所得与过去相比较，如果结果证明是公平的，他们将会感到满足并且会继续努力工作。当人们觉得自己的薪资比同行业同职位的人低，或者相比过去收入下降时，会感到不公平，并且可能会产生负面情绪。

在人们产生不公平感时，往往会采取一些措施。比如，通过自我解释达到自我安慰；采取一定的行为，努力改变别人的收支状况；采取一定的行为，努力改变自己的收支状况；选择另一种比较，获得主观上的公平感；发牢骚，泄怨气，制造人际矛盾，甚至放弃工作。

产生不公平感更多的是主观的评价，做人的工作，不但要关注自己的状态，还必须关注人际关系的影响，包括不同部门或学校之间的相互作用。

（四）双因素理论

双因素理论认为，人的需求可以被分为两类，这两类需求相互独立，且对人的动机和行为有不同的影响方式。一类是使人们产生工作满意感的内在因素，另一类是维持人的行为的保健因素。内在因素也被叫作激励因素，得到改善时能够让员工感到满意，并持续地激发他们的积极性，推动他们更加全情地投入工作。外在因素是指保健因素，若处理不当，可能会损害员工的积极性，但若妥善处理，就可以避免不满情绪的产生。两种因素的具体内容如表 4-3-1 所示：

表 4-3-1 激励因素与保健因素

激励因素（内在因素）	保健因素（外在因素）
工作上的成就感	公司（企业）的政策与行政管理
工作中得到认可和赞赏	技术监督系统
工作本身的挑战意味和兴趣	与上级主管之间的人事关系
工作职务和责任感	与同级之间的人事关系

激励因素（内在因素）	保健因素（外在因素）
工作的发展前途	与下级之间的人事关系
个人成长、晋升的机会	工作环境或条件
—	薪金
—	个人的生活
—	职务、地位
—	工作的安全感

双因素理论对学校管理工作有两点启示：一是要更多地着眼于满足激励因素，调动教师的积极性。比如，委以重任，使教师产生强烈的责任感，适时地评价教师的工作，使其得到组织和群众的认可，产生成就感并得到满足。二是正确地运用保健因素和激励因素，使两者在调动人的积极性上发挥各自的作用。

学习激励理论，不仅能深化人们对激励问题的认识，而且能帮助人们以更多维的角度思考激励手段的运用、激励氛围的营造、激励策略的制定等问题。

三、合理运用激励手段

给予适当的物质鼓励，有助于教师保持身体健康和高度的工作积极性。教师的物质激励包括两方面内容：一方面，需要满足其实际需求，包括货币奖励等，以解决工作和生活中的具体问题；另一方面，校长应不断丰富激励的物质条件，鼓励教师在合理范围内不断提高生活质量和健康水平。

为了让精神激励达到最佳效果，必须综合考虑显性因素和隐性因素。其中，显性因素是公开的正式激励方式，如颁发奖项、个人表彰等；隐性因素则指那些不太容易觉察却同样具有激励作用的因素。教师的积极性可能会受到隐性因素的影响，如积极向上的校风、充足完备的教学设备、丰富的图书资料等。此外，还包括工作本身的激励作用。当我们提升自己的专业技能、肩负极为重要的责任使命、在工作中表现出色时会赢得社会的承认，如获得职务升迁和职称晋升，也能激发个人潜能的最大发挥。综合而言，人需要保持良好的精神状态。在满足基本物质需求后，心理激励成为主导因素之一，在这方面付出更多努力会带来很好的效果。

教师的主要职责是教学和科研，在这个过程中发挥个人的社会价值，同时可以增强个人的内在满足感，提高生活质量，促进身心健康。教师希望通过参加学习活动，如脱产或者不脱产的进修来扩大知识领域，提高人文素养，实现自我丰富和成长的愿望。文体类活动也能够强有力地促进发展。在这类活动中，人们通常会极力表现自己的角色，因为他们不想被落在后面。如果这种通过活动培养出的心态能与理性思考相结合，就会激发出一种可持续的工作动力。人际交往是人们建立关系的重要方式之一，它能满足人们获得认可、支持和情感交流的需求。此外，参与社交活动还可以促进人们结成群体，有助于身心健康。活动的开展是激发人们积极性的重要手段。因此，需要巧妙地策划和组织多种活动，其中包括侧重于教学研究开设的新课程和承担新项目的活动，以及以运动会、舞会等为主的文体活动，同时需要特别注重谈心互访等交流活动。

四、制定激励的有效策略

（一）目标激励策略

"目标激励"是一种基于目标管理的方法，旨在通过将教师的个人需求与团队目标密切结合，激发教师的积极性、主动性和创造性，从而推动团队发展和进步。通过目标激励，教师在教育活动的过程中不断地激发主体意识，从而实现自身的价值。

"主体意识"指的是人意识到自己作为主体具有主体地位、主体能力和主体价值，这种认识体现了人的自主性和能动性。人们受到主体意识的驱动，会经常反思和评估自己的行为，从而产生新的需求并不断追求新的目标，以期实现所追求的价值目标。当然，主体意识不仅涉及认知，也与情感和意志息息相关。因此，在激励教师的同时，可以促进教师的情感认同和责任心。认同感是教师对学校的强烈情感，使他们愿意与学校同呼吸共命运，共享荣誉和责任，并保持不懈的奋斗精神。责任感让教师将勤奋工作视为自己必须承担的责任，使他们增强决心，战胜各种困难，勇往直前。

目标是人们先前预期的结果。在制定目标时，既不能追求过高、不切实际的目标，也不能过于谨慎小心，局限于微小的目标。只有综合考虑实际情况，将长远目标和短期目标相结合，确保这些目标是可行和有效的，才能制定激励力量较强的目标。

（二）评价激励策略

评价是激励机制的核心。评价能不能起到激励作用，主要是看能否在教师中形成公平感。根据管理心理学的研究，教师和其他社会成员都期望能够获得公正的对待，这是一种共同的心理需求。他们经常将自己的付出和回报的比值与处境相似的人相比较，只有在比例相等的情况下才会觉得平等。这种公平感有助于激励人们更加兴奋、更有活力。换一种说法，公正地奖励一个人，就可以扩大正能量的影响范围，反之，如果激励措施不合理，可能会引起人们的不满，并且可能会导致人们对其进行反抗和抵制，从而使激励措施失去效力。

（三）时机激励策略

时机激励是在管理学校的过程中，选择最佳的时间进行激励，以取得最佳效果。时机激励包括期前激励、期中激励、期末激励三种。密切结合三个时机的激励，才能使教师在整个工作中处于"期前有决心、期中有信心、期末很舒心"的最佳激励状态。

我们需要鼓励教师感受工作中的快乐，同时鼓励他们努力工作，看到自己的价值，以满足自我实现的需要。此外，我们也需要开展一些具有感染力和带动力的活动，如表彰先进等。需要注意的是，"需要满足"作为激励周期的结束，是一种主动的满足，它可以激励教职工为了实现工作目标而努力奋斗。如果教职工合理且有条件实现的需求长期得不到满足，他们就会感到愤怒和失望，并且这种情绪会不断增强，难以激励他们付出更多。因此，激励应在适当的时机进行。

运用好时机激励策略，还要注意激励频率和激励程度。

激励频率是指激励次数的多少与快慢。在一个工作周期内，激励的次数越多或每次激励之间时间越短，频率越高，反之则越低。影响激励频率的因素是多方面的：一是所要完成工作的性质和复杂程度。能在短时间内看出工作成效的，可采取较高频率的激励，反之，则采取较低频率的激励。二是教师自觉性高低的影响。教师思想觉悟高，自觉性强，激励频率可以低些，反之则要高些。三是物质激励的频率要受到学校客观条件的制约，不可滥用。

激励程度是指激励教师完成教育教学工作任务而给予奖励标准的高低。奖励标准高，则激励程度强，反之则弱。激励程度主要受激励目标制约，要正确把握激励量。也就是说，激励量与工作量、工作的难度要一致，激励量过大、过小都起不到激励的作用，从而失去激励的效果。

良好的激励机制是以评价为核心的。要保持教师可持续发展的动力，让每一位教师尽快走向职业成熟，就必须研究和构建教师评价机制。

第四节　教师绩效评价机制

在学校建立有效激励机制的过程中，科学评价是至关重要的。建立一个行之有效的教师评估机制是教育教学过程中不可或缺的一环。它不仅有助于提高教师整体素质，促进教师职业发展，还能够提高学校的教育水平。

一、教师绩效评价

教师绩效评价，顾名思义，是对教师的教育工作进行行为测量和价值评估，并将评估的信息反馈给教育者，以便教师做出自我调控，修正教育工作行为，更好地贯彻国家的教育方针和提高教育质量。

在学校管理工作中，对教师进行评价至关重要。正确的评价方式可以鼓舞教师不断努力，追求成功，激发他们的工作动机，从而将外部压力转化为内在的推动力。这是一种促进教师积极向上的激励过程，也是激发个体工作热情的重要途径。

众所周知，教师是育人者，其基本职责是教书育人、管教指导。教师工作的主体因素，如素质、能力和水平也是通过工作行为来表现的。人的行为是在外部环境的影响和作用下，引发人的需要动机而产生的对外界的反应。那么，教师工作行为就是教师个体与外部环境，包括与工作对象之间相互作用的行为表现。

教师的素质和其履行职责的状况可以通过工作质量表现出来，这关系着教师的工作绩效。教师绩效评价包括对教师教育工作行为"量"的测定和"质"的估计。这种绩效与评价的关系可以表述为：评价＝测定数量（程度、水平）＋价值判断。

根据教师应该履行的职责、应该具备的素质能力及实际工作的要求，可将教师工作行为分为以下三个递进的层次：

第一层次是教师工作的常规行为，是指作为一名教师在学校教育中的基本行为，这是做好教师工作的基础。

第二层次是教师工作的专业行为，是对作为一名教师应该履行职责的概括，也是教师能否胜任工作的标志。

第三层次是教师工作的进取行为，反映了满足教师劳动需要和教师职业成熟的行为要求。只有在政治上和业务上不断进取并进行创造性工作才是一名好教师。

教师的常规行为、专业行为和进取行为反映了学校教师劳动的规范性、专业职能和需要不断发展的行为要求，而且从层次上能区分出教师工作从基础到合格、良好发展的递进关系。从这一教师绩效评价设计思想出发，可设计出一套能充分体现主客体一致的教师绩效评价指标体系，以便对教师行为的价值事实做出客观的判定。

运用教师绩效评价量表对照教师的工作行为实际，在教师群体中区分出不同的层次和水平；运用目标激励，让教师自觉地为自己确定进取目标，逐步向成为好教师的理想目标而努力。为了有效地进行教师绩效评价工作，还应该针对本校实际建立相应的一系列管理制度，运用制度激励的方法，逐步建设和形成一套教师管理工作的科学程序。有效地进行教师绩效评价将有利于创造一种激发教师责任感和创造力以及教师之间相互竞争的工作氛围，激发学校组织的活力，这种积极的组织氛围又成为促进教师工作精益求精、向职业成熟发展的动力。

二、实施教师绩效评价的基本要求

评价工作有一定的要求，需要完全符合评价工作的基本理念和原则，并且有效发挥评价的引导和管理作用，以促进教师实现职业成长并推动学校科学管理。以下是教师绩效评估必须遵守的规定：

（一）评价依据要有客观性

在对教师进行绩效评价时，应当基于实证事实，确保评价过程客观且准确无误。在进行教师绩效评价时，研究者、评价者、被评者都应该以客观和实事求是为准则，根据充分的事实和科学认知，对教师工作的各个方面进行科学、公正、客观的评价。其中，需要建立教师工作绩效评价指标体系，确立工作行为标准，确立权重测量体系，并明确评价工作的程序和方法。这些体系和标准必须确切地反映教师劳动的本质特征，反映教师工作过程中的内在联系，并区分出客观存在的不同工作绩效，通过学习统一认识使评价者和被评价者尽可能克服认知障碍，对教师工作的价值事实做出科学的判定。

尽管评价是一种主体性的认知和反映，但是科学的评价应该反映评价的主客体之间所形成的一种客观的价值事实。只有通过这种方式，才能使改进教育工作、提高工作质量、促进教师职业成长等目标得以实现。

（二）评价目标要有导向性

通过教师的工作绩效，可以评估教师在实现国家教育目标的过程中表现出的工作能力，同时展示了教师的思维模式、品质、技能以及他们对教育产生的影响。实施教师绩效评价，实际上是将教学目标具体化后对教师进行引导，帮助他们完成教学目标的过程。对教师进行绩效评价，可以调整教师的工作行为，这种评价将教师的工作行为纳入促进教育目标实现的活动中。

对教师工作情况进行判定离不开教师完成教育目标的情况。目标导向行为旨在运用教师评价工具，通过评价了解教师行为的状态，经过分析指导，修正教师工作行为或阶段目标，实现教育总目标。这样从评价指标导向到具体的行为指导，再从指导到评价，形成了一个良性循环，这个过程正是提高教师有效行为的科学发展的过程。因此，我们要建立一个有导向性的教师行为评价指标体系，该体系应当遵循国家对教师的要求，并反映教师工作的本质属性，这样才能确保学校工作朝着正确的方向前进，提高教育质量。遵循导向性原则，对于通过评价推动学校科学管理和提高教师工作行为效能无疑是至关重要的。

（三）评价过程要有激励性

事实证明，运用评价手段客观地、公正地区分出教师不同的工作绩效和水平，通过评价推动教师有效地完成工作目标的行为过程，本身就具有激励的意义。

在教育工作中，需要不断探索创新。学校领导需要实施考核、评价和惩罚机制，以激发教师内在的工作动机，挖掘其潜力，从而确保教师在教学方面不断进步。应该建立科学公正的激励制度，把评价作为重要指标，促进教师全心全意地投入到教育事业当中。这样做可以促进教师的职业成长和发展，培养其在知识、经验、能力和个性品质等方面达到教师职业需要的水平。科学地评价教师必须重视激励，激发教师的进取心、责任心，以此提高教师的成熟度，加快学校的集体发展，打造一支高效协作的教师工作团队。

（四）评价手段要有可操作性

评价手段要有可操作性。这里的可操作性指的是应具备可判性和可行性：在进行整个评价过程时，清晰易懂，教师可接受；在进行评价工作时，必须遵循学校管理制度及要求。教师绩效评价指标体系应该考虑到教师工作的实质特征，还需根据学校的具体情况和教师工作的规律进行制定。评分项目的描述和等级标准应该简单易懂，容易被理解和认可。评估程序、技术和计量工具必须是科学明确、易于操作的，并且方便实施。举个例子，让教师用评价标准进行自我评估，他们会更加自觉地按照要求提升工作能力，并有目标地完善自己的工作。总体而言，要使评价工作中主客体双方都能在从思想激发、掌握标准、确立评价程序到复议评价结果的全过程中认真地、理智地积极参与，清除消极心理，使评价产生实际的效果，帮助学校内部建立更紧密的联系，推进新的协作力量的形成，并不断增强学校的凝聚力。

三、教师绩效评价量表的构成

（一）教师绩效评价量表的结构

教师绩效评价量表是以教师工作行为的特征为逻辑线索，把教师工作行为的主因素和子因素组合起来构成教师绩效评价的指标体系，即教师工作行为系统是由常规行为、专业行为、进取行为三部分组成的。

量表的一级指标如表4-4-1所示，其是根据这三个因素设计的，每一个一级指标内又分别包含十六项二级指标。这一量表模式的设计以客观事实为依据，力求反映教师工作行为的客观过程。教师的素质、能力和水平是通过教师外显的工作行为体现出来的，这种工作行为的表现既是教师的教育行为有效程度的显示，也是教师内在素质、能力和水平高低的反映。三个一级指标和十六个二级指标就是围绕教师工作的绩效，抓住影响教师工作行为绩效的各种因素进行反复筛选以后确定的量表的指标体系。

表 4-4-1　绩效评价量表

A级指标	权重	0.25						0.49						0.26					
	主因素	常规行为						专业行为						进取行为					
	权重	子因素	指标内容	评价标准				子因素	指标内容	评价标准				子因素	指标内容	评价标准			
				优秀	良好	合格	不合格			优秀	良好	合格	不合格			优秀	良好	合格	不合格
B级指标		工作出勤						教学内容掌握						政治提高					
		服从分配						设计教法						业务进修					
		工作负荷						组织教学						教研活动					
		合作共事						教学成效						教育科学研究					
		—						培育品德						—					
		—						培养学风						—					
		—						待生态度						—					
		—						为人师表						—					
备注																			

下面对教师绩效评价量表设计做简要说明：

1. 常规行为

常规行为是评价教师工作行为的基本点。管理学原理指出，任何单位为了维持群体秩序和工作的正常开展，都会采取一系列措施来确保工作有条不紊地开展，包括制定明确的规章制度和约定俗成的不成文规矩等。显而易见，常规行为是一种普遍适用的劳动行为要求。

作为一名校内教师，通常会在哪些方面表现出常规行为呢？根据教师绩效评价理论的假设，从目前学校的现状中挑选四个二级指标，包括工作出勤、服从分配、工作负荷和合作共事。这些指标的目的是评估教师在工作中的表现。教师不仅需要遵守学校的考勤制度，还需要服从学校的工作安排。除了完成约定的任务，还要在工作中强调团队协作与合作。这四个二级指标相互关联，组成了标准的常规行为，是学校对教师的基本要求。这四个二级指标是教师到校工作时必须遵循的基本规范行为。因此，从这四个角度出发，可以简要地概述教师在校期间的常规行为，对教师在校常规行为的表现能做出比较正确的评价。

毫无疑问，态度认真的教师通常遵循良好的常规行为。所以，应该把常规行为作为教师绩效评价量表的基本点和出发点。

2. 专业行为

专业行为是评价教师工作行为的重点。为什么要以专业行为作为评价的重点呢？每个行业都需要强调其专业行为的独特性，这样才能准确评估该行业的职业行为特点，并与其他行业的职业行为进行区分。关键在于能够准确理解专业行为的基本属性，并对其进行客观评估。教师专业行为的核心特征是什么？以教育的职能、教师劳动的特点、有关教师职责的法令规定及有关教师方面的研究成果为依据，认为教师专业行为可以概括为"教书育人、管教管导"。

教书育人是教师专业行为的本质特征，是实现社会主义教育目的的基本保证。教书和育人是不可分割的统一体，所以教师的专业行为实际上包含教学和育人两大方面。

抓住了教师专业行为的本质特征后，就可以紧紧围绕"教书育人"的工作实际，提炼出评价教师绩效的二级指标。该项研究确定了八项二级指标，其中反映教学方面的有教学内容掌握、设计教法、组织教学、教学成效四项二级指标，反映教育方面的有培育品德、培养学风、待生态度、为人师表四项二级指标。以上八项二级指标反映了教师的专业行为特征。

成为一名优秀的教师，不仅需要拥有扎实的专业知识，还要深刻理解和熟练掌握课程大纲和教材，这是教学工作的基石。只有建立在这个基础之上，才能成功地设计教学活动。这是因为教学的对象是活生生的人，教学又是一个创造性劳动的过程，是从教学对象的实际出发，对课程大纲和教材教学进行再创造的过程。在教学中，设计教学方式、环节和过程是非常关键的要素，缺少任何一方面都会影响教学效果。接下来需要安排教学实施，也就是将教学计划转化为实际行动的过程。在实施教学方案时，应重视对方案的操作和管理，确保达成教学目标。教学方案的实施结果可以参考学生的学习能力与学习成绩的变化。因此，要将学生学习成绩和学习能力的变化作为评价教师教书质量的重要依据。

做好育人工作是教师专业行为的又一方面，虽然教师教学行为中蕴含着育人的成分，但这里是从伦理的价值来分析学生道德品质的形成、行为规范的养成、正确处理师生关系等方面的教师工作表现。我们从教师的基本职责中筛选出教师育人行为的四项二级指标，即培育品德、学风培养、待生态度、为人师表。前两项是针对学生的教育内容范畴来说的，后两项是针对教育者与被教育者之间的关系来说的。

当前，学生的道德品质教育是一项十分重要的内容，教师的育人行为必须反映学生品德培养的基本要求。另外，学生在校内的社会实践活动主要是学习，主要任务也是学习，在学习过程中培养良好的学风，是师生共创学校文化的重要反映，这就构成教书育人行为评价的二级指标，也是教师融教书、育人于一体的主要方面。

同时，在学校教育中，教育活动是教师和学生之间互动的过程。在评估教师的表现时，教师处理师生关系的方式显得格外关键。教师的教育态度首先体现在他们对待学生的态度上，其次表现在他们的行为示范中。这要求教师用心地关爱学生，始终对学生负责，并且教师要成为学生的楷模，通过自身的示范来影响、感染和带领学生，并在家长心目中留下积极的印象。教师必须爱护学生，忠于职责。教师的待生态度是教育观、学生观的直接反映，为人师表也是教师劳动态度的根本所在。在教师的育人行为中，这两方面做得越出色，品德培养和学风培养越成功。

3.进取行为

在教师的工作行为中，除了常规行为和专业行为外，还有进取行为，这也是教师劳动的特性和专业发展要求决定的。只有当教师的常规行为与专业行为一致时，才能称其为合格的教师。不过，从教是一项充满创新的实践，教师创新和积极的工作常常彰显在进取行为中。依照教师进取行为的表现，我们选择了以下四个二级指标：政治提高、业务进修、教研活动和教育科学研究。这四项二级指标集中概括了在学校工作的教师专业发展的要求，要自觉地学习马克思列宁主义、参加社会政治活动，这是教师进取行为中的重要组成部分。此外，教师还必须坚持参加业务进修，不断充实业务知识，优化知识结构，提高教育、教学能力，适应时代要求。教师以积极进取的精神参加政治学习、业务进修，是教师逐步达到职业成熟的必要条件。教师应该自觉地学习，并以理论指导实践，展开教研、科研工作，有效地解决教育、教学中的各种问题，创造性地进行工作，促进教育事业的发展，满足教师自我发展的心理需要，使教师的专业行为具有更为成熟的表现。进取行为中的四项二级指标相辅相成，具有内在的联系，集中概括了教师的专业进取精神，是对教师的进取行为进行评价所必不可少的。

通过对量表一级、二级指标的分析，可以看出，教师的工作行为是由常规行为、专业行为、进取行为三部分组成的。这三部分又分别有相应的行为要求，它们之间的内在联系和结构关系构成一个完整的教师工作行为系统。比如，常规行为、专业行为、进取行为分别代表了教师工作行为的三个不同水平和发展层次。教师的工作行为不仅要与常规行为、专业行为相符合，而且要与进取行为相一致，这样才能称得上是一位好教师。

根据绩效评价的目的和原则，我们制定了绩效评价的参照标准。将每一个三级指标分为四等：优秀、良好、合格、不合格。在每一个二级指标的参照标准体系中都隐含着理想目标、可达目标、必达目标和未达目标四个层次。这是因为每个教师的工作行为是不一样的，一个教师的工作行为在不同的阶段也是不一样的，绩效评价的目的就是把教师群体中每一个教师的工作行为大致区分开来，使教师通过绩效评价能够诊断现状，发现问题，明确努力方向，使学校领导通过对教师绩效的评价，了解教师队伍的情况，采取措施，提高教师素质，激励教师发奋工作，把学校管理工作推向更高的水平。

（二）教师绩效评价量表的特点

1. 以教师工作行为系统的理论假设为基础

指标体系是从教师工作行为中筛选出来的，抓住了揭示工作行为的本质特征，再对教师工作行为的不同程度的绩效进行评价。对教师行为绩效的科学评价，能较为客观地反映教师工作水平的高低和实际状态。

2. 形成性评价和终结性评价相结合

形成性评价用于促进工作的变化，终结性评价反映工作的效果。只有把两者较好地结合起来使用，才能把教师工作行为的整个动态发展变化过程客观地体现出来。

教师绩效评价方案既考虑终结性评价，也重视形成性评价。形成性评价的做法是：首先，根据量表提出教师的工作行为有何弱点或缺点，据此，定下 3～5 个改进目标，作为教师改进工作行为的重点。其次，研究改进工作行为的途径和方法，并且检查改进工作行为的指标。最后，检查改进工作行为的情况，验收改进工作行为的质量，再决定改进工作行为的新目标。这是一个连续的循环过程，在这个过程中，教师的工作行为不断地得到改进。显然，无论是终结性评价，还是形成性评价，两者都应当结合使用，只有互为补充，才能相得益彰。

3. 定性的方法与定量的方法相结合

早期的教育测量极为重视与推崇定量的方法。客观世界中的任何事物都是质和量的统一，因此，在原则上都可以进行定量分析，用数学来描述教师工作行为的复杂性、工作过程的长期性、工作行为价值的迟效性和间接性，评价教师的工作，必须是定性与定量的统一。

那么，怎样将教师绩效评价的标准转化为可量化的指标呢？我们可以将标准分为两大类，其中一类是能轻松量化的，被称为硬性指标，另外一种类型难以用量化的方式来衡量，被称为软性指标。硬性指标可以通过具体的数字直接统计，也可以通过统计公式计算百分比或其他指标结果。软性指标可以先使用模糊标准，如文字标准、等级等，然后采用加权综合评判法计算结果值。事物性质是一种质的规定性，同性质的事物之间的差异则由其量的多少所决定。根据质量互变规律，事物发生本质变化是通过量的逐步积累和转化而实现的，也就是不同发展阶段不断地互相连接。模糊性涉及的是一个点由从属到非从属的过程，因为这个过程是逐渐的，这个点并非属于某个集合。采用"模糊标准"就可以运用模糊数学，在定性的基础上，定量地研究教师绩效的评价问题。

在教师绩效评价中，采用定性与定量相结合的方法不仅能使教师的绩效真实地反映出来，而且能从不同的方面认识教师的工作行为，得出一个比较符合实际的结果。

四、教师绩效评价的方法

（一）熟悉量表，掌握标准

学校管理中的一个关键环节是对教师绩效进行评价，采用客观、公正、科学的方式进行绩效评价，可以推动学校实现科学管理的目标。教师绩效评价也是教师自觉地调整工作行为并进行创造性劳动不可缺少的反馈条件。教师对其工作行为标准和要求认识得越深刻，其工作行为的质量越高。因此，为了使绩效评价工作顺利进行，达到预期的目的，就要使评价者（主要是学校管理者）和被评价者（教师）对绩效评价有一个正确的认识，强调绩效评价的导向、激励以及自我完善的作用，以积极认真的态度参加绩效评价。通过宣传、学习，要熟悉绩效评价量表的内容、标准以及操作方法，统一认识，统一尺度。在进行绩效评价时，评价者需要充分收集关于教师工作行为状态的信息，并全面、真实地反映这些信息，确保评价的客观性。被评价者要依据评价指标和参照标准，对照检查自己的工作行为，找出差距，改进工作。

（二）搜集信息，整理资料

获得绩效评价的各种信息是做好绩效评价的前提。无论是终结性评价，还是形成性评价，都离不开信息。有了大量丰富的有关绩效评价的信息，才有可能对教师的工作行为进行客观的分析，才可能对教师的工作绩效做出正确的评价。因此，为了成功地进行教师绩效评价，评价者需要特别重视获取评价信息的工作。教师的绩效评价需要多方面的信息支持，这些信息包括教师的出勤记录以及备课、上课、作业批改等行为表现。同时，通过多种途径获取学生反馈，如学业成绩表现以及对学生的指导、辅导等方面的情况。还有其他教学方面的信息来源，如教研计划、论文、家长座谈会、学生座谈会、问卷调查、听课评课、公开教学等。除此之外，与教师进行面谈也是获得绩效信息的重要途径之一。最好能建立信息库，形成信息输入、处理、储存、输出的网络。虽然收集信息、整理资料的工作量大、费时多，但能使绩效评价更加客观、公正、合理。

（三）综合分析，全面评价

在进行全面评价时，一定要根据量表的指标和参照标准对被评价者的有关材料及现实的工作行为表现进行综合分析，然后再做评判。评价的方式有三种：一是自评，即被评价者根据评价标准，回顾自己工作行为的表现，对照比较，填写评价表；二是互评，即由教研室或年级组其他成员对被评价者进行评价，填写评价表；三是评委会评价，即由校长、教导主任等组成评委会，评委对每位教师的工作行为表现进行认真分析讨论，认真参看学生评价、教师自评互评的结果以及搜集的信息资料，一项一项给出评价等级。同时，一个组内的各位教师掌握标准的尺度要一致，各个组之间掌握标准的尺度也要一致。这三种评价方式不一定要同时采用，评价者可根据不同时期、不同阶段、不同对象的评价目的和要求灵活使用，只要能达到预期目的就可以。

（四）统计数据，反馈结果

评价小组要汇总评价量表，计算或上机处理各项评价指标的评价数据，获得评价的结果。

无论是形成性评价，还是终结性评价，评价小组都应对评价的结果进行认真的分析，然后把评价的结果反馈给被评价者。反馈评价结果的目的是调查、改善教师的工作行为，所以在提供反馈和评价时，既需要对被评价者取得的工作成果表现出肯定的态度，又需要协助他们找出问题的具体原因，以及明确下一步的改进方向。另外，需要征询被评价者对评价过程的意见，以提高评价流程的质量。

五、教师绩效评价应注意的问题

教师绩效评价的目标是鼓励教师改善工作表现，因此评价过程中需强调以教师为核心的观念。同时，注意教师绩效评价的环境、心理、学术因素。

（一）环境因素

学校是教师工作的基本环境。校长要努力创造具有进取意识的学术环境和人际环境，营造一种团结、友善、和谐的氛围，这是顺利进行绩效评价工作的基本条件。同时，校长应遵循教育管理的规律，建立稳定的学校工作秩序，以提高教育质量和学术水平为中心，积累一套能够反映教师工作绩效的分析资料。在搜集信息的过程中，要加强教师之间良好的人际沟通和人际交往，形成良好的学校环境。

（二）心理因素

教师具有追求"平等、效率、公正"的心理需要，同时具有选择成长和自我发展的创造需要。客观、公正地对教师的绩效进行评价，可以增进教师对自身价值和工作的社会价值的认识，产生愉悦的情感体验。如果绩效评价的结果与教师实际情况相比具有较大的差别，则无论结果过高还是过低，都会失去绩效评价的激励功能，产生不信任、不公平感等负效应，挫伤教师的积极性。因此，评价的主客观心理状态控制十分重要。被评教师如果能够辩证地分析和评价自己的工作，就能接受他人的意见，找出改进自己工作的方向。

评价者还应掌握评价过程中主客体的心理因素，使教师端正态度，消除消极心理，使评价工作产生良好的效果。

（三）学术因素

评价工作的全过程要符合科学要求，充分反映客观事实，尊重事实。应该说，教师绩效评价运用的评价方法和技术，抓住了教师行为特征的主因素，能对教师在教育、教学过程中产生的常规行为、专业行为、进取行为做出客观的价值判定。以教师绩效评价为核心建立起有效的激励机制，是形成学校管理控制系统的要素之一，校长要激发教师的自信心、责任感和成就感，不断改进教师的教育行为，最终促进教师的职业成熟。

科学的教师评价机制可以促进教师的专业发展。不过，要使教师取得可持续的成功，还必须为教师创造走向职业成熟的条件。

第五节　师资培训机制

教师队伍的素质是影响教育质量的关键因素。如何才能提高教师队伍素质，促进教师的专业发展，让教育更加有质量？要达成这个目标，有两种途径可供选择：第一，引入外部人才；第二，培养内部人才，即引进和培训。培训比引进更重要。随着教育事业的迅速发展，即便是杰出的教师，也需要定期接受培训，以提高知识和技能水平，否则会在市场上失去竞争力。因此，要从思想上充分认识到做好师资培训的重要性，而且要采取积极有效的措施，确保教师自觉地参加各类培训，不断地提高自身的专业素质，从而达到提高办学质量的目的。

一、树立正确的师训观

（一）充分认识师资培训的意义

教师在职培训或在职进修是相对于职前教育而言的。一般而言，教师在职培训包括以下三个方面：第一，教师对自身的教育，即在教学工作中不断探索、尝试和学习。第二，教师可以参加校内举办的讨论会和培训课程。第三，教师要参加系统性较强的校外在职培训。但一般来说，教师在职培训通常是指由政府部门或有关学校机构定期举办的进修活动，既包括为支持教师职业活动而采取的行动，也包括在时间上集中或分散的进修。为支持教师职业活动而采取的行动，包括帮助教师查找资料、学习新的教学方法和不同的技术手段，为教师提供教育科研课题的机会，特别是要鼓励教师与各类专家聚会，并组织教学小组和鼓励教师进行教学革新等。

教师在职培训是提高教师的政治思想、职业道德素质的重要策略。教师在职培训的重要意义主要体现在以下几个方面：

在职培训是教师提高自身素质的客观要求。《谁是优秀教师》一文中指出："教师被评定的成绩，在其任职的最初阶段是随着增加的经验而迅速上升的；以后5年或更长时期，进步速度逐步下降；以后15～20年无大变更，再后则趋于衰退。"[①] 在职教师的进步并不是随着教学时间和教学经验的增加而直线向前的。即

---

① 邱会昆.开展教育科研走出"教书匠"怪圈[J].云南教育：小学教师，2000（24）：2.

使未来的教师在大学修业期间能学到足够多的、水平高的、很先进的科学知识，如果不注意学习进修，几年后知识结构、思想观念、技能技术就会陈旧，教师也会因此落伍。教师素质的落伍就意味着教育水平的停滞甚至下降，为了提高教育质量，促进教育发展，必须加强师资培训。

教师需要接受在职培训，这不仅是对提高教育质量和个人素质的有力保障，也符合教师个人利益。在竞争激烈的社会中，一个教师要想对自己的职业应付自如而不被淘汰，只有通过不断进修，汲取新知识充实自己，提高自己的才能。

校长应该为学校各类教师提供均等的培训机会，通过培训，使教师意识到与教育事业发展的距离，从而增强使命感和进取意识；使教师逐步提高政治思想觉悟和职业道德水准，逐步转变教育思想，更新教育观念，改革教育教学方法，以适应教育改革的需要。

在职培训是学校教育发展的客观需要。怎样才能提高学校教育的质量呢？这是在深化教育改革的过程中摆在学校面前的重要课题。教育改革的重点不只是增加教育预算、改革教育体系、更新学科内容和授课工具，还需要关注提升教师素养，加强教师队伍建设。因为教育改革的成功与否，在很大程度上取决于教师团队的素质和能力。学校领导提出的提高教育质量的措施最终要由教师来落实，教师要圆满地完成学校的各项任务，就需要有良好的职业素质。

学校教育只有通过高素质的教师才能实现素质教育的目标。显然，抓好教师培训是学校教育发展的迫切需要。

在职培训是新时代对教育提出的必然要求。因社会变迁和教育的变化而引起的教师作用的改变，对各类教师和从事教育工作的人员的初期培养和继续培养，以及对他们的地位和工作条件都有影响。教科文组织强调把教师的作用与教育的社会功能相联系，强调教师应该具备敏锐的外部视角，关注社会、文化、教育等方面的变化。教师职责增加，也为教育中的人际互动带来了新的要素。现在的教师不再是单一的知识传授者，而更多地担任协调知识和引导学生探索世界的角色。

为履行导师和咨询者的职责，使学生对社会生活有所准备，教师需要对自己与学生、同事及社区之间建立新的关系进行设计。迅速变化着的社会正在改变并扩大教师的职能和作用。一个现代的教师，应在一个广阔的领域内，在学生的社会化发展方面发挥专家的作用，还应是社会进步的推动者，在社区文化建设中发挥带头作用。因此，现代教师不仅要具备现代的学识修养和服务精神，而且要随时了解教育事业的发展和当前社会状况的变化。鉴于此，应该把师资培训作为贯穿于教师整个职业生涯的一个持续的过程，使教师对新的职能和责任有所准备，确保其职业生涯充满动力。

（二）正确处理师资培训的若干关系

不仅要重视和加强培训工作，而且要使培训成为每一位教师的自觉要求，真正把师资培训放在重要的位置上加以规划、组织和实践。因此，必须处理好师资培训的若干关系，树立起正确的师训观。

1. 正确处理培训的权利与义务的关系

学校领导要确立依法治教、依法师训的观念，充分认识参加师资培训是教师的权利和义务，认真研究和落实学校师训工作。教师要按照规定自觉地参加培训，并达到培训的要求。

2. 正确处理各类培训的关系

学校领导要正确认识政治思想、职业道德与业务培训的关系，确立提高教师整体素质的观念。不能把师资培训简单地理解为学历培训或业务培训，而应从整体着眼去组织师资培训。要坚持社会主义办学方向，提高广大教师全面贯彻党的教育方针的自觉性。特别是要加强关于建设有中国特色社会主义理论的学习，提高教师的政治思想觉悟，加强教师的职业道德教育，使教师都能以敬业、乐业、勤业的精神去创建教育的丰碑。

实践证明，政治思想觉悟和职业道德水准高的教师一般都会刻苦钻研业务，提高自己的教育教学水平。因此，要从教师应具备的素质出发去思考和组织培训，做到相互渗透、全面提高。

3. 正确处理工作与学习的关系

学校领导要确立培训是提高教师素质的有效途径的观念，因为我们正处在一个学习化、信息化的社会。社会经济和教育的发展进程日益加快，新概念、新理论、新方法不断涌现，如果教师不参加继续教育，就无法适应社会经济的发展，就无法适应教育事业的发展，就无法胜任所从事的工作。当然，在职学习必然会产生工作与学习的矛盾，可能会对工作带来一定的影响，但这是暂时的，从长远来看，将会获得巨大的效益。实际上，培训架起了理论与实践相结合的桥梁，使教师能够以学习带工作、以工作促学习，从而不断地提高自身的素质。因此，学校领导要有战略眼光，组织安排好教师参加培训，特别是要重视骨干教师的培训。教师则要有提高专业素质的紧迫感，尽可能地利用业余时间参加培训，做到学习、工作两不误。通过培训，努力使自己成为高素质的教师。

4. 正确处理自培与他培的关系

学校领导要确立师资培训的主体是学校的观念。因为学校管理的主要问题是师资队伍建设，学校要提高师资队伍的素质，除了采用引进和委托培训等方式外，主要应立足学校自身的培养。师资培训一定要有学校的参与，才能充分调动教师参加培训的积极性。只有确立学校的主体地位，学校才能从自身实际出发，有针对性地组织培训。实践证明，成功的学校都把发动教师参加学校教科研活动作为培训的主要方式，很好地促进了教师专业的提高和发展。只要学校把培训的内容直接内化为提高教育质量的工作行为，就能使培训产生巨大的效益。

二、师资培训的内容与形式

（一）师资培训的内容

师资培训的内容要按照教师职业的特点和教育事业发展的需求，以提升教育教学能力、教育科研能力为出发点，学习先进的教育思想，传播教育研究的成果。培训部门和学校应该根据适应基础教育发展的要求，注意科学精神和人文精神的结合，重视教师一专多能和发展特长的需要，按照将文科、理科、艺术教育适当地结合或渗透这一总体要求来确定培训内容，设计培训课程。

在设计培训课程时，培训部门应从教育教学中的问题出发，将教育教学中的成功经验以及与问题相关的理论知识和理论研究成果进行精选和组织。既可向教师提供教育理论和专业知识的更新、专业或教育教学技能训练、现代化教育技术和手段、现代科技知识、教育专题研究等必修课程，也可提供针对各科、各级教师情况设计的选修课程，由参加培训的教师根据自己的教育教学及自身发展的需要任选。学校应根据教师在教育教学一线实践的有利条件，把培训与教学研究、教育科研结合起来，让教师在教育教学的实践中发现问题、研究问题，并注意把研究的成果转化为专题讲座或组织教师自编培训教材。这样既可以让教师在培训与教研相结合的过程中获得成功，又可以把教师的研究成果加以推广，从而使更多的教师得到启示或提高。

（二）师资培训的形式

师资培训的方式应该注重实际效果，以符合成人在职学习和继续教育的特点，同时应该强调教师专业进修的自主性和主动性。师资培训的形式很多，其一般形式可从培训时间与培训要求两方面加以区分。从培训时间上看，有脱产、业余、半脱产培训；从培训要求上看，有普及式、带教式、研修式培训。

1. 脱产、业余、半脱产培训

（1）脱产培训

脱产培训是指教师在接受培训期间暂停从事原有工作，通常需要数周、数月甚至数年的时间。比如，委托培训研究生、被派遣前往国内外知名大学或研究机构进行专题学习，以及策划组织各类研修班、讲习班等活动，都属于脱产培训。学校还可建立教师学术假制度，让骨干教师脱产著书立说或自行选择培训方式提高学术研究的水平。脱产培训的特点是教师可以更专注地投入时间和精力，培训内容通常具有系统性，能够迅速产生明显的效果。但是，要加强脱产培训的计划性，使教师培训与教育教学工作两不误。

（2）业余培训

业余培训的特点是教师不离开自身的工作岗位，在承担专任教师的全部工作量的情况下进行培训。业余培训具有广泛适用性和高度灵活性，应该积极地推广。常见的具体做法有：自学、教育教学和科研实践的锻炼及参加校内外的各类学术活动，如学术报告会、研讨会、专家讲学、专题学术会议等。组织教师参加这样的学术活动往往可以使教师从中获得最新的学术信息和掌握教育发展的动态。

（3）半脱产培训

半脱产培训是介于以上两种类型之间的培训方式，在安排某些教师培训时，减轻部分工作量，原则上是既工作又学习。这种培训方式的最大特点是兼顾了工作任务与培训提高的需要。教师参加各种专题的半脱产研修班、培训班或攻读在职研究生都属于这种形式。这种培训形式缓解了工作、学习、人员安排等方面的矛盾，在实际工作中也是一种切实有效的培训形式。

2. 普及式、带教式、研修式培训

（1）普及式培训

普及式培训就是采用电视教学或办班面授的形式面对全体在职教师讲授必修教程，通过考核，使每一位在职教师都能达到基本的培训要求。这种培训形式有利于大面积更新教师的观念、知识结构和能力结构，提高师资队伍的整体素质。

（2）带教式培训

带教式培训是师范类院校毕业的新教师和非师范类院校毕业的教师在指导教师的带教下接受培训。教师是边学习教育理论，边在教育教学实践中进行锻炼。这种培训形式有利于新教师尽快把握教育教学的特点与规律，提高教育教学的能力与水平。

（3）研修式培训

研修式培训通常会围绕课题研究展开，培训方案包括理论学习、导师指导、教育实践和专题研究。培训者的目标群体包括骨干教师和学科领袖。通过这样的培训方式，骨干教师和学科带头人可以提高教育理论方面的水平，提升研究教育问题的能力。

三、骨干教师的培训

骨干教师是学校教育教学中发挥决定性作用的核心人物，他们对提高教学质量做出了重要贡献，并在教师群体中拥有较高的声望。如果不迅速采取行动对教师加以培养，等到老一辈的骨干教师退休之后，学校可能会面临缺乏骨干教师的困境，因此要特别重视骨干教师的培训。尤其要注意骨干教师在学科上和各年龄段上的合理分布，加大力度充实、培养骨干教师。抓住了骨干教师的培训，就等于抓住了学校教育发展的动力契机。学校一旦形成骨干教师队伍，必然进一步提高教育教学质量，并能积极打造学校的办学特色。

（一）制定培训目标

应根据教育行政部门关于骨干教师培训的总体目标，结合学校实际，制订学

校骨干教师培训计划，确定学校骨干教师培训的目标。

在教育面向新时代的伟大时刻，骨干教师培训的目标应该是培养和造就具有现代教育理念，掌握现代教育理论、内容、手段和方法，在思想政治、职业道德、专业知识与技能、教育教学、教育科研等方面具有高素质、高水平、高知名度，并在某一方面有专长的骨干教师。

（二）确定培训途径

骨干教师培训一般由两部分构成，即高层次学历培训和教育教学研究能力培训。学校应以此为出发点，根据学校骨干教师培训的目标与要求，确定骨干教师培训的途径。下面几种常见途径可作为参考：把骨干教师送到其他高等学校或教师培训机构去接受高层次学历培训或研修式培训。高校和培训机构应该把对骨干教师的培训与学校的内部培训结合起来，注重实践和岗位要求，以推动骨干教师在工作中不断成长和进步。邀请专家、教授以及备受推崇的资深教育者担任学校核心师资团队的指导教师，在教育教学研究能力培训的过程中，突出理论学习与实践锻炼的结合。在培养骨干教师的过程中，要注意创造条件，搭"舞台"、压担子，激励教师"成功""成名""成才"。

（三）选择培训方式

骨干教师培训应重在理论思维训练，提高骨干教师观察、思考、研究、解决各种教育教学问题的能力和水平。通常可采用理论学习、实践尝试与课题研究的"三段式"培训方式，每个阶段各有培训的目标与内容。

第一阶段：理论学习。该阶段培训的程序是：学习—疑问研讨—再学习—提高认识、确立课题。

第二阶段：实践尝试。该阶段培训的程序是：课题理论思考、操作设计探索—探索课—研究课—示范课—建立研究假设、完成课题设计。

第三阶段：课题研究。该阶段培训的程序是：研究实施—测定、资料收集—数据处理、资料分析整理—撰写报告—评价、鉴定。

"三段式"培训方式中的理论学习、实践尝试与课题研究有机地组成一个整体，以研究为主线，以理论为指导，以实践为基础，为骨干教师培养服务。在先进的教育理论的指导下，通过研究将理论与实践相结合，从而推动教育教学改革实践。这样做不仅能获得一批研究成果，而且能充分发挥骨干教师的学科带头人作用。

骨干教师培养还有许多培训方式可选择，如特色课程培训方式、带教方式、研究班方式等，可根据培训的目标、内容和要求进行选择。

四、师资培训的保障措施

要采取积极有效的措施来推进师资培训工作，并不断提高师资培训的质量。

（一）严格执行师资培训的各项法规

认真组织教师学习中央和地方政府有关师资队伍建设和师资培训方面的法律和法规。学习法律文件，可以促进教师依法治教，提高教师执行师资培训各项法规的自觉性。同时，根据各项法规的规定，制定学校师资培训的制度。

（二）建立师资培训领导机构

师资队伍建设是学校管理的中心工作。要做好师资培训工作，必须有强有力的组织机构作为保障。学校应成立师训工作领导小组，并由校长任组长，便于集中人力、物力和财力用于师训工作。学校师训工作领导小组的职责是：制订学校师训工作长短期计划，制定学校师训工作的有关制度和改革方案，检查学校师训工作进展情况，对教师参加培训的情况进行考核，与教育行政部门和师资培训部门的师训领导机构建立联系网络，主动接受行政和业务部门的指导，及时交流师资培训的各种信息，邀请校内外专家对学校师训工作进行指导，组织学校师训工作的交流与研讨。

（三）保障师资培训的经费

学校发展的关键是师资队伍建设。所以，应在办学经费中列出师资培训的专项经费。同时，要争取社会对师训工作的关心和支持，拓宽筹资的渠道。在此基础上，可建立师资培训的奖励基金。

（四）激励教师自觉参加培训

建立学校师训表彰制度，使培训成果与教师职务晋升、提薪挂钩。学校除了继续做好"园丁奖"的评比外,还可采取以下激励措施:评校级学科带头人;建立校级青年教师破格评聘制度;建立中青年骨干教师奖励基金;设立学校优秀教师奖。

(五)建立师资培训评价制度

根据教育行政部门关于师资培训的评价要求,建立学校师资培训评价制度,一方面学校要自觉接受教育行政部门对学校师资工作的督导,另一方面要认真检查学校师训工作,发现问题,及时解决。

第五章 高校师资与管理队伍建设

高校师资与管理队伍建设是高校管理和发展的重要组成部分。本章主要介绍高校师资与管理队伍建设，包括高校师资力量建设、高校管理队伍建设、高校凝聚力建设三部分内容。

第一节 高校师资力量建设

一、高等院校学术带头人的培养

高等院校承担着人才培养、科学研究、社会服务、文化传承与创新的基本职能，需要进行学术研究，需要致力于培养和造就一支高素质、高职称、有影响力的学术带头人队伍。

（一）建设和发展需要学术带头人

1. 发挥整体功能需要学术带头人

高等教育的主要任务是培养适应社会主义现代化建设的生产、建设、管理、服务第一线需要的"下得去、用得上、留得住"的高素质、高技能应用型人才，注重学生能力的培养是高等教育的重要特征，也是贯彻以就业为导向的教育改革的重要内容之一。要培养学生的操作能力，教师本身的业务能力是前提，"能"师才能出高徒。所以必须全面履行高等院校的四大基本职能，在做好人才培养工作的同时，以知识贡献、社会服务等途径展示和提高自己。在高校师资队伍素质提升上，没有一定数量、具有较高水平和社会影响的学术带头人引领是不现实的，是难以实现高水平、高质量的办学目标的。

2. 提高教育质量需要学术带头人

高等院校实现人才培养功能、提高教育质量，必须加强师资队伍建设，形成一支素质精良、结构合理、数量充足的师资队伍。构建合理的教师队伍，结构至关重要，包括教师的年龄组成、学科范畴、学术专业、教育背景和学术权威等方面。实现该目标的关键是培养拥有优秀理论水平和实践能力的领袖型学术教师，以促进师资队伍结构的进一步完善。如果没有一定数量的学术带头人，至少说明高校师资队伍结构是不合理的，也难以实现拥有高水平的教育质量、培养高素质的人才、引领高等院校科学发展的目标。

3. 加强专业内涵建设需要学术带头人

高等院校必须抓专业内涵建设，必须拥有具有一定特色和较高办学水平的学科，这是学校事业发展的必然要求。而专业和学科建设必须有一定数量和较高质量的学术带头人来引领，通过学术带头人的引领，才会形成充满生机的专业建设格局，才能推动学院工作的全面展开。古今中外学校发展的实践证明，能否培养并切实发挥高水平的学术带头人引领作用，对于形成有特色和高水平的学科与专业具有决定性影响。

4. 提升高校社会形象需要学术带头人

高等教育不仅要培养人才，而且要服务社会。因此，学院必须有一个良好的社会形象。许多社会人士发掘和研究学校资源，往往是从一批乃至几个学术带头人身上开始的，是从这一点出发来判断学院的办学实力和水平的，而能否承担科研和社会服务项目，也需要学术带头人来支持、组织和带领，其作用毋庸置疑。由上述分析可知，在高等院校发展过程中，必须充分认识学术带头人的重要性，并花力气培育和造就一批高水平学术带头人，为高等院校专业建设、人才培养、科学研究和文化传承创新服务。

（二）充分认识学术带头人的积极作用

高水平学术带头人是学校的旗帜。一所学校拥有的重量级的学术带头人，不仅是推动学校学术发展和教育质量提高的重要力量和宝贵财富，也是学校改革创新、彰显魅力的关键所在。学术带头人在高等院校的作用主要体现为组织作用、示范作用、激励作用和凝聚作用。

1. 组织作用

学术带头人眼光敏锐，能攻克难关，在学术研究中，能够起主导作用，能够被同行广泛认同。因此，在学术研究中组织或开展较大课题的研究，学术带头人依靠自身的学术影响力对学校其他教师乃至整个学校科研工作的开展起着引导和影响作用。这种影响力和组织力在许多情况下是教育行政部门和学校党政领导无法代替的，充分重视并积极创造条件发挥学术带头人的这种作用，对于一所高等院校来说是很有意义、很有价值的。

2. 示范作用

学术带头人是一个个体，是教师队伍的一员，由于其科研能力较强，科研成果丰厚，一般都会得到同行的广泛好评。学术带头人进行学术研究的经验对其他教师有启迪作用、影响作用和借鉴作用。学术带头人往往成为其他教师学习的榜样，其成果、成功、成就对同行一般都具有良好的示范作用。

3. 激励作用

学术带头人的作用和工作业绩往往成为其他教师新的工作参照目标，往往会提高其他教师的心理期待，促成其他教师的学术追求。在学术带头人的引领下，一部分上进心强的教师会获得上升的空间和追求的动力，一部分上进心欠缺的教师则会感受到心理压力，如果转化成积极效应，往往会成为其积极向上的因素，形成相互之间的"比、学、赶、帮、超"，带动整个教师队伍的提高、发展和成长，促进学校良好学风、教风、校风的形成。

4. 凝聚作用

一所成功或者说有成就的学校，一般都有一定数量的学科、专业和学术带头人。在学术带头人的旗帜下，凝聚和吸引了一大批教学研究人员，形成比较合理的学术分工，组成学术梯队，往往以研究所、教研室或院系的形式出现，形成正面合力。如果没有学术带头人，往往难以凝聚一批学界青年精英，相应学科的发展势必会受到影响。学术带头人的存在、培养和提高往往会带动一个学科乃至一个学科群的发展，其凝聚人心、凝聚力量的作用不可小视。由此可见，学术带头人无论何时何地均有重要作用。

（三）对学术带头人的素质要求

作为高等院校的学术带头人，既要有一般高校学术带头人共同的素质要求，也要有与高校特点相适应的特殊要求。总体而言，主要表现在个人品德、专业水平、能力素质、心理素质上。

1. 个人品德

学术带头人由教师中的高水平分子组成，首先必须具有良好的师德修养和内涵，要热爱祖国、热爱科学、忠于职守、为人师表。与此同时，学术带头人应有崇高的事业心和强烈的敬业精神，具有开拓创新和不怕困难、不怕失败、百折不挠的勇气，具有健全的人格和品德。此外，作为学术带头人，还必须淡泊名利、立足奉献，具有为科学献身、为事业奉献、为团队牺牲的精神。

2. 专业水平

学术带头人，顾名思义，就是在某一领域具有较深的学术造诣，能够发挥带头作用的人。因此，专业功底扎实是最基本和最起码的素质。学术带头人必须在所从事的专业和学科方向上有渊博的知识，对本学科前沿领域的发展有清晰的了解，同时有坚实的理论基础和不断学习、积极进取的习惯，有较高的科研水平与能力，能充分利用现代科学技术与方法进行学习、教学和科研。

3. 能力素质

对于学术带头人而言，创造性思维能力是最为重要的。当今时代是一个创新的时代，创新需要多种能力。

第一，要善于思考，"勤学、多思、常练"，会"举一反三"。

第二，要有发散性思维，发散性思维对于符合原则又高于现实的创造性能力而言尤为重要。

第三，要有与自己研究领域相关的特殊技能与能力，这是形成富有个性的科研特色所必需的能力，这种能力为攻克科研难题提供了可能和条件。

第四，要有人际交往能力，这是一个专业带头人能够在工作中与他人合作，形成和谐的人际关系，组织形成科研团队的重要条件。

4. 心理素质

作为学术带头人，必然面临一般教师所没有的心理压力。科研工作需要大量投入，但投入与成效没有正比关系，甚至投入未必有成效，理工科研究领域尤其如此。因此，作为学术带头人，必须性格开朗、心胸豁达，有稳定的情绪、积极的情感，能够在遇到外界变化和内心情感起伏时用理智控制情绪；身处顺境、取得成果时能戒骄戒躁，不断努力进取，身处逆境、研究失败时，能百折不挠，充满乐观和自信，以坚强的毅力努力争取最终的成功。

当然，学术带头人也是有层次的，正因为如此，对其素质和能力的要求也是相对的。但需要指出的是，专业带头人毕竟是少数，所以较高的综合素质是必需的。

（四）影响高等院校学术带头人成长的因素

高等院校要培育和形成一大批学术带头人会面临很大的困难，这主要由多方面的因素决定。

1. 自身因素

影响学术带头人成长的自身因素主要有以下四个方面：

一是成才动力。学术带头人最大的敌人是自己的惰性、自我满足、自我原谅和自我开脱；最大的失败是大事做不来，小事不想做；最大的损失是等待明天、期待明天、期待下一次。

二是学习能力。这是一个广义的概念，既包括从外部世界汲取营养，抓取机会和信念的能力，也包括在教学科研过程中自我反思、自我选择、自我调整、自我超越、自我提高的能力。

三是个人习惯。个人习惯既包括工作习惯，也包括生活习惯；既包括学习习惯，也包括科研习惯。克服不良习惯、形成良好习惯是学术带头人必须具备的条件，急于求成要不得，拖拉等待使不得。在倾听、学习、思考、调研、写作等教育工作中，应该有清晰的思维、科学的调节、合理的安排，最后形成持久的动力，循序推进，取得圆满的结果。

四是个人品格。学术带头人的个人品格也会影响最终的结果，是否敬业，是否能够与人较愉快地合作，能否有奉献精神，能否建立良好的人际关系等，均非常重要。

2. 内部条件

学校内部也会有影响学术带头人成长的若干因素，主要包括以下四个方面：

一是管理措施。学校在师资队伍建设方面有没有制定切实可行且有力有效的管理措施，包括工作目标、政策导向、奖励措施、机会提供、条件创造等，对学术带头人成长会有重要影响。

二是学术环境。良好的微观（校内）学术环境，有利于学术群体形成宽松和谐的氛围，有利于知识分子以良好的心态成才成长。特别是宽容尊重、鼓励创新、荐贤养能的风气，对教师学术带头人的成长更有意义。

三是工作条件。学校能否给予学术带头人必要的或者优厚的工资、生活条件，也会在一定程度上产生作用力。

四是激励机制。从根本上讲，学术带头人的形成需要一个激励机制。在当今条件下，政策鼓励、舆论引导、经济奖励、考核激励也显得非常重要。

3. 外部因素

学术带头人的成长，除了个人自身和单位内部激励以外，社会环境也十分重要。外部因素主要包括以下四个方面：

一是经济条件。国家有足够的财力来支持学术活动的开展，形成一批主要或专门从事学术研究的人才。

二是社会条件。全社会形成尊重科学、尊重知识、尊重人才、尊重创造的意识和风尚，有利于学术带头人成长。

三是文化条件。全社会民主化程度较高，有助于为科学研究的开展营造良好的学术氛围，从而有利于学术带头人的成长。

四是舆论条件。一定范围、一定状态下的舆论条件和宣传引领，对学术带头人培养机制的建立也具有重要的作用和巨大的推动力。

4. 特定环境

事实上，特定的环境对学术带头人的成长也起着重要作用，主要包括以下四个方面：

一是工作单位性质和条件。比如，高校和科研院所与行政机关系统相比，学术影响会大一些，更易影响和催生学术带头人。

二是学科和专业发展机会。由于业务工作、教学工作开展的需要，形成了从事科研工作的必要性。教师一旦抓住机会，创造条件，久而久之，就有可能成为学术带头人。

三是大师引领。大师人格魅力的影响也会推动学术带头人梯队的快速成才和成长。

四是其他偶然因素。

当然，学术活动既有偶然，也有必然，既有一般，也有特殊，学术带头人的形成也一样，更多的是必然和一般，但也不排斥偶然和特殊。

（五）积极构建学术带头人培养机制

对于高等院校而言，推进学术带头人培养机制建设，既要遵循一般规律，也要发挥积极性、创造性，形成自身的特色。

1. 解放思想，更新观念

解放思想，更新观念，就是要高度认识学术带头人对学校发展的积极作用。对于高等院校要不要培养带头人的问题，事实上还存在不同的意见和声音。不同的学校会有不同的认识，同一个学校不同的领导人的认识也不尽一致，高度有差距，力度有轻重，强度更值得讨论。作为一所高等院校，要快速实现办学升格、管理升级，要合乎规范、办出水平，要提高质量、提升内涵，尤其要办人民满意的教育，必须抓实专业、课程、办学条件、教风学风、师资队伍、图书信息资料等基本建设，尤其要把师资队伍建设作为重中之重，花大力量、用大投入筑大系统，而学术带头人培养是其重要工作之一。

2. 制定目标，工程推进

制定目标，工程推进，是通过选拔、培养方式推动学术带头人队伍建设。对于一所学校而言，培养和造就一批学术带头人，首先要在统一认识的基础上，形成和制定明确的目标，即根据学院不同的发展阶段，提出不同的要求，找出相应的行动目标，特别是采用工程管理的方法加以实施和推进。

3. 重点扶持，建立机构

重点扶持，建立机构，是以鼓励、奖励为主推动学术带头人的成长。学术带头人培养需要考核评价，需要建立竞争、激励乃至淘汰机制。但是学术研究毕竟是一项艰苦的工作，在当今世界观、人生观、价值观多元的情况下，比较科学有效的方法应该是实行精神激励和物质鼓励相结合，政策扶持和考核评价相统一，即以鼓励为主，辅以一定的考核；以资助为主，辅以必要的评价；以创设条件为主，辅以相应的压力催生，从而为学术带头人成长创造宽松的条件。

4. 优化环境，形成氛围

优化环境，形成氛围，是努力让学术带头人感到自豪和光荣。学术带头人的工作是一项高强度的工作，往往不是一项立竿见影的工作，需要宽松的条件、宽容的态度。作为领导人，一定要尊重人的个性，看重人的德能，注重人的发展；以人为本，尊重知识，尊重劳动，尊重创造；鼓励创新，允许试错，宽容失败，为学术带头人成长、发展和工作创造良好的条件，使学术带头人不仅有荣誉感，而且有成就感、幸福感。这样，创新、创造和成果会源源不断，学术带头人的成长也会更加快速。

二、高等院校青年教师队伍建设

（一）青年教师成长目标：基于宏观的要求

青年肩负着祖国的期许和高等教育的期待。科学地确定人才方向和培养目标对于成功非常关键，在中国现行的人力资源管理制度下尤其如此。在国际上的体系中，常见的做法是建立人才标准和规范，再根据这些标准和规范来筛选合适的人才。中国则着力培养符合规范和标准的人才。对于建设师资队伍，特别是培养青年教师而言，目标应该是以下几点：

1. 高扬师德旗

作为人类灵魂的工程师，教师必须拥有高度的师德操守和职业道德准则。教师需要表现出对工作的高度投入和热情、对学校的忠诚以及对学生的热爱。同时，我们应该时刻谨记社会主义核心价值观并深入了解马克思主义中国化的进展，以提升自己的理论素养，坚信中国特色社会主义理论；继承和发扬爱国主义、民族精神和时代精神，并遵守社会公德和教师职业道德规范，身体力行，以成为良好的榜样。

2. 过好教学关

教学技能是教师必须掌握的基本素质。年轻教师应该重视学习课程内容和教学方法，同时需要引导学生积极参与课外活动。作为年轻教师，对其的基础要求是必须具备承担一到两门主要课程的教学工作能力，并能在课堂上有效地影响学生。

3. 练就科研功

学校有三项使命：一是培养人才，二是开展科学研究，三是提供社会服务。作为教师，应当肩负这三大职责。不过，每个教师在教学中可能会关注不同的方面。对于年轻的教师而言，要想成为一名成功的教育工作者并获得认可，科学研究在某种程度上起着至关重要和决定性作用。因此，需要提高对科研方法、技巧和基础掌握的熟练程度。

4. 提升育人力

在人才培养过程中，教书和培养人才是基础。因此，在一线教学中培养学生的综合素质，积极推动育人工作是教师的重要职责。教书育人虽是一个整体，但是涉及多种技巧和方法。育人时也需要遵守一定的规则和原则，并进行具体的实践工作。如果能够深入了解青年学、心理学和社会学，并掌握相关的工作技巧和方法，就能够更加高效地取得成果。

5. 形成服务力

高等教育的目的是培养具备实践能力的人才，其特色是开放办学、校企合作，更好地培养一线工作所需的技能和知识。在这种情况下，青年教师不仅需要注重与行业企业的联系来积累经验，还需要通过实践提升自身的服务能力和水平，特别是在获取资讯，如了解行业企业的发展情况、趋势和资源等方面，应主动运用所学知识、技能和素养，提升服务企业和行业的能力，为其发展做出贡献。

6. 修得发展果

作为年轻教师，每个人都应该通过实践不断地探索和发现自己的优点和特殊才能，结合教学科目和专业条件，积极培养自己与众不同的个人特点，打造自己有特色的成果，作为自己职场成功的胜利之果、幸福之果、甜蜜之果。

（二）青年教师成长指向：基于微观的思考

在学校中，年轻的教师是最具活力和生命力的群体，他们通常承担着最复杂、最艰难的任务。年轻教师的成长有以下特征：

1. 基本轨道

一年适应岗位：他们需要花费大约一年的时间来适应教学要求，以融入工作环境、适应人文氛围，不断提升教学能力。

三年成为骨干：在约三年的时间内，他们基本能成为本校的教育教学骨干，发挥重要作用。

五年成为尖子（五年顺利转岗）：利用大约五年的时间，通过刻苦努力能成为本单位教学方面的尖子，能够胜任并负责院、省以及更高层面的项目，或者成功适应新的复合型工作岗位。

七年成为宝贝（七年担当重岗）：通过大约七年的不懈努力，可以成为不可或缺的教育教学骨干，聘任中备受推崇成为首选，在同事和学生中广受赞誉和尊敬。

九年成就事业：经过大约九年的努力，成为本单位非常重要的骨干人才。教学方面的技能扎实，育人工作中展现可靠的品格，在管理工作方面也能取得良好的成绩，专业技能得到精进，同时实现了全面的成长。

一生幸福平安：年轻的教师应全面提高自己的德、智、体、美、劳素质，做到品德高尚、才华出众，努力成为优秀教育工作者，并为此打下坚实的基础。这将为他们平稳幸福的未来奠定一个坚实的基础。

2. 基本要求

第一，青年教师必须追求讲授一门优质精品课程的目标，一定要合格，尽力争取优秀。

第二，青年教师的一个重要任务是带领班级成为学风模范。这不仅是衡量青年教师教育水平的重要指标，也是他们在教书育人岗位上立足的基础之一。

第三，展示个人才华和业绩对于年轻教师而言非常重要，可以通过多产出高质量的成果来实现。能够多产且成果出色，是教师职场成功的主要指标之一。

第四，在高等教育领域，迅速融入其中并成为专业中不可或缺的核心力量，是年轻教师发挥才华和能力的重要途径，也是他们进一步成长的基础。

第五，青年教师要融入团队并争取机会成为骨干，需要他们积极与集体合作，并努力把握机遇，以在团队中展现自己的能力。

第六，建立紧密型合作伙伴关系，与一家企业结盟并致力于协同发展。此为年轻教师在适应高等教育体系与标准、促进校企合作和工学结合上的重要手段。同时，它是推动多元发展、实现全面成长的必由之路和重要条件。

（三）青年教师培养理念：基于宏观的设计

当前的中国高等教育任务由年轻教师承担，这些教师将成为未来发展的主要肩负者。因此，我们需要创造更多培育和锻炼他们的机会，并且使他们在更多领域得到重用，还需要为他们规划出具体的发展路线和策略。从高等教育教师要求看，重三历、强三化是最基本的。

1. 重三历

（1）企业经历

高等教育注重将理论和实践相结合，以培养高素质、技能型专门人才，他们不仅具备理论知识，还能够灵活运用所学知识并具备实际操作能力。因此，作为年轻的教育工作者，特别是从事专业课程教学的教师，积累行业企业工作经验对其至关重要。经历能带来感受，感受能激发感悟，而感悟能推动教育教学。

（2）育人履历

作为一名教师，培养学生的品德和素质是必备技能，同时履行育人工作是他们的职责所在。教师的育人经历能够让教师更理解和爱护学生，提升他们对于教育的热情，帮助他们改善和优化教学工作，提高教学水平。此外，这种做法也有助于解决教和育之间的矛盾。

（3）高学历

高学历是一个要求和象征。这个要求实际上需要教师具备坚实的理论基础和高超的技能水平，以及强大的问题分析和解决能力。此外，他们应该受过良好的基础培训，有深厚的知识储备，达到这个标准才能满足"要给学生一杯水，教师必须有一桶水"的要求。

2. 强三化

（1）职业化意识

教师必须有较强的适应专业特点的职业化意识，并有实践感知。

（2）信息化能力

在信息时代，掌握信息化技能和本领已经是必不可少的基本素质。教学工作的基本条件不仅包括传授知识，还包括协助教师与学生进行知识的交流和获取。这也是教师必须拥有的技能。

（3）国际化视野

邓小平同志提出并倡导的教学方针要求我们面向未来、面向世界，紧跟现代化的步伐，高等教育必须与国际和实际紧密接轨，培养能处理具体工作和拥有国际视野的学生是必须达成的基本目标。因此，青年教师应该成为先锋，勇于探索。

（四）青年教师培养方法：基于微观的方案

各学校致力于构建一个优秀、数量充足、结构完整、适应发展需要的青年教师队伍，这是教育行业的基本要求，也是学校必须承担的具体任务；既被应用于教育发展，也是人才工作的重要组成部分。在这个过程中，必须采用科学的方法，以下是具体思路：

1. 舆论引领

我们需要强化公众意识中青年教师队伍建设的重要性，营造一个能够促进高素质青年教师队伍快速发展壮大的氛围，为青年教师提供有利的发展环境，让他们能够在教学工作中获得更多的实践经验，迅速提升自己的能力，成为业务上的佼佼者。我们还应该鼓励和引导青年教师尽早承担教学任务，勇敢地站在时代的前沿，积极担起发展的重任，成为教学领域的精英。

2. 工程推动

为了培养青年教师，各部门需要共同协作制定切实可行的措施。学校也应该发挥作用，采取多种方式促进青年教师的发展。例如，让中老年教师和青年教师结对培养，开展青年教师国际化计划提升语言和文化交流能力，资助青年教师攻读博士学位等，这些方法都被证明是行之有效的。

3. 组织培养

青年教师的培养不仅需要他们自己的努力和主动，还需要工程推动和组织部门的计划和措施。具体包括从专项经费中拨款、建立专门的组织机构以及采用合适的培训方法。这是人事部门和教学科研工作部门的责任，也是各单位党政主要领导的关键职责。

4. 自我修炼

就其含义而言，年轻教师的成长和提高应由教师本人自觉负责。如果教师缺乏内在热情和能力，单靠外部力量的作用是不够的。教师在内外因素的共同影响下才能更好地成长。我们有责任和使命激发年轻教师的职业热情和积极进取精神，一同肩负这份责任。

5. 考评促进

从实践中得出的经验表明，创建科学、高效的经济和评估机制是提升青年教师能力的有效途径和方法，也是解决青年教师培养效率问题的科学手段。青年教师在一线开展"比、学、赶、帮、超"活动以及评比达标考核活动，可以有效地推动青年教师的培养工作。

6. 鼓励超越

在人文环境建设方面，我们需要拥抱新思维，勇于创新，创造良好的条件，积极激励年轻教师快速成才。为了支持青年教师的全面发展，我们需要为他们提供多种不同的发展途径和机会，包括常规发展、超越发展和特别发展。这些发展途径可以为青年教师的专业生涯提供更多的支持和帮助。

三、高等院校师德教风建设

《高等学校教师职业道德规范》是由教育部和全国教科文卫体工会共同发布的，旨在规范高校教师在与国家、社会以及学生的交往中所应表现出的职业道德，包括教育教学行为、学术研究行为以及社会责任等。该规范提出了明确的目标和规则，包括推动引导积极的行为，以及强调要避免不当行为。这意味着所有高等教育机构的教师需遵循一致的职业伦理标准和行为规范。但由于高等教育在人才培养目标和教育规律上具有特殊性，因此高等院校师德教风建设必须从实际出发，体现教育的特点。

（一）高校师德教风研究现状分析

随着市场经济的蓬勃发展，出现了很多新的理念，这对教育观念的革新起到了重要的推动作用，有力地促进了教育改革的进程。与此同时，教师的思想观念和高校师德教风出现了一些值得研究和关注的新问题。

1. 关于高校师德教风建设的重要性

师德水平在全社会的道德建设中占据特别重要的地位，对学生的健康成长和全面发展具有特别重大的影响。在培养教师队伍时，我们应当优先关注师德建设。教师的师德水平不仅关系着教师队伍建设的成败，更关系着整个国家教育事业的发展和改革成效。师德在教学中主要起着示范、激励、渗透作用，对学生思想品质的形成起到潜移默化的教育作用；良好的师德也是教师成长的前提和基础，是教师完善自我的巨大动力；师德是实现"以德治校"的重要保证，是实施素质教育的根本保证，是提高学校德育实效性、转变社会风气、提高教师素质的需要。师德有助于落实以生为本理念，促进学生的全面和谐发展；有助于完善教师人格，促进教师的全面和谐发展；有助于促进学风建设和提高高校的科研水平；有助于优化人际关系与推进和谐大学的建设；有助于净化社会风气，提高社会的整体道德水平。

2. 关于师德内涵和师德规范

很多研究者认为，师德内涵主要有三个层次，即"学高为师——师德之基，身正为范——师德之本，热爱学生——师德之魂"。教育部原部长周济提出"爱与责任——师德之魂"的新命题[1]，第一次把"责任"摆到"师德之魂"的高度，认为"没有责任就办不好教育"[2]。社会主义荣辱观赋予高校师德以新的时代内涵。对于高校师德规范提炼，研究者提出了"志存高远、爱国敬业，为人师表、教书育人，严谨笃学、与时俱进"[3]"爱岗敬业、关爱学生，刻苦钻研、严谨笃学，勇于创新、奋发进取，淡泊名利、志存高远"[4]"献身教育、敬业爱岗，以身作则、为人师表，严谨治学、教书育人，热爱学生、诲人不倦，团结协作、关心集体"[5]"以为学生服务为核心，以爱岗敬业为原则，以严谨治学、教书育人、为人师表、廉洁从教为基本要求"[6] 等不同主张。

3. 关于解决高校师德教风存在问题的对策

要把以切实解决好机制问题作为加强师德建设的突破口，要从教育、运行、约束、激励、保障五个方面建立健全机制。依据师德内涵蕴含的日标和师德行为的动机与效果，坚持系统性、代表性、可比性和可操作性原则，根据一般标准和具体标准构建高校师德评价的指标体系。从师德教育与师德宣传、机制制度建设、校内外文化舆论环境、教师自身修养等方面提出相应的对策与建议。同时，把握"五个着力点"，即理论武装——加强学习以明师德，舆论引导——掌握动态以正师德，文化熏陶——营造氛围以扬师德，规范约束——完善制度以律师德，利益保障——关心教师以促师德。

---

[1] 周济. 爱与责任——师德之魂 [J]. 人民教育，2005（8）：2.

[2] 詹幼萍，唐广汉. 用爱和责任办教育，没有爱就没有教育，没有责任就办不好教育——用爱撑起一片蓝天——解读武汉市建港中学"平民教育"模式 [J]. 成功（教育版），2009（5）：6-8.

[3] 刘宏全. 以学生为本：教师职业道德的根本原则 [J]. 陕西教育学院学报，2009，25（2）：3.

[4] 柳礼泉. 高校教师人格魅力与学识魅力的生成要素 [J]. 文史博览：理论，2008（6）：2.

[5] 王志荣. 抓住师德建设的着力点 [J]. 现代特殊教育，2003（4）：15-16.

[6] 刘汉琴. 精心育人促进学生全面健康发展 [J]. 宁夏教育，2011（6）：1.

（二）高等教育需要教师更富爱心和责任心

教师的工作对象是有血有肉、有情感、有意识的人。教师对学生怀有热情和责任感是其独特的职业情感和道德责任，也是确保师生关系健康发展的基础。教师对学生的情感是一种独特的情怀，它源自对教育事业的深刻理解和高度责任感，以及对学生的正确认知、热情投入和无限期望。与普通的人际情感不同，它更强调教育者对学生的关注和扶持。热爱学生，就要了解和理解学生，尊重和信任学生，严格要求学生，客观公正地对待学生，关心学生的思想、学业和生活。

高等院校教师应该充满热情，并积极地关心学生，精心地引导和协助学生完成学业，从而帮助他们成长为优秀的应用型人才。

高等教育的一个重要使命是推动科学研究的发展。学术水平与高等教育的质量和教师的素质息息相关。对此，高等教育界已形成共识，这些年各高等院校也在着力发展。为了创造更多成果，我们需要敦促教师改善学风，加强研究严谨性，恪守学术道德，尊重他人的学术劳动和成果，并坚决反对任何不端的学术行为。

（三）实施高等院校师德教风提升工程

师德素养的提升离不开教师正确认识加强师德修养的重要性和对师德规范的自觉自愿履行，但师德师风建设并非一朝一夕就能见到成效，必须建立长效机制和切实可行的载体。实施师德提升工程是高等院校师德师风建设开展的必经之路。

1. 加强师德规范教育学习，崇尚师德修养

通过不同形式的学习，全面理解《高等学校教师职业道德规范》，使广大教师能牢记其中的基本内容，并自觉地遵守师德规范，以此作为广大教师坚定的行为准则。把教师道德规范的学习纳入教师培训计划，推行传帮带"青蓝工程"，将其作为新教师入职前的培训和在职教师培训的重要组成部分。为了加强教师的专业素养和职业认同感，我们要采取多种方式，如在日常工作中融合集中学习、岗位培训、职业道德教育、学习教育法和教师法等相关法规。通过师德师风的典型宣传，挖掘在岗教师在师德师风方面的先进事迹、感人故事，注重用身边的人和事带动人、影响人、教育人、鼓舞人，使教师明确自己的工作职责和任务，自觉把更多的精力投入到教书育人的工作中来。

教育学习只是实现目的的一种方法，真正的目的是培养稳固的师德思想习惯，自觉按照师德标准行事，并提高自身的思想认识。因此，必须积极引导教师以社会主义核心价值观为指引，自觉践行师德修养，树立崇高的师德楷模，提高教书育人的责任感和使命感，坚定致力于教育奉献、关心学生、推进高校教育的发展；始终对党的教育工作保持忠诚，遵守教师职业和学术道德，坚持实行师德规范中的"爱国守法、敬业爱生、教书育人、严谨治学、为人师表、服务社会"的师德规范。以强烈的道德责任感维护道德的严肃性和正义性，以高尚的道德情操和崇高的精神境界去感化学生的心灵。全身心地投入教学与科研，做到带头示范、言传身教，以良好的工作作风去影响学生的学风，以学识和人格魅力去感染教育学生。

2.建立健全师德教风考核评价制度

职业道德具有行政约束性、纪律性，教师应该自觉地提高道德修养，同时需要有相应的制度来规范和约束。因此，学校必须建立规范实施细则和师德师风考核评价制度，以此作为教师必须遵循的准则。将教师的职业道德作为一项考核评价标准纳入教师考核评价体系，并将其作为教师绩效的重要衡量标准，进而影响教师的聘任（聘用），以及各级各类评优奖励的颁发。同时，执行"一票否决制"，要求教师严格遵守职业道德标准。基于规范，综合考虑日常教学、科研、管理以及年度、聘期考核等方面的因素，全面评估教师的师德表现。为了鼓励广大教师遵守师德规范，塑造高校教师优良职业形象，当教师的师德师风出现问题时，必须及时发现并纠正，对于表现不佳的教师，应当给予相应的劝诫和督促，以促进改善；如果教师的行为违背了师德标准，且对教师职业形象造成了负面影响，根据法规，就应该采取严厉的措施予以处理。同时，应该重点培养和宣传那些在师德师风方面表现突出的先进模范，并对他们给予充分的表彰和奖励。

3.构建师德教风建设协同机制

教师的道德品质和职业行为密切相关，体现在教学、研究以及社会服务活动的各个领域。为了加强师德师风建设，在学校内，需要与各方面工作相结合，建立协同机制。比如说，可以建立校系（院）两级师德师风建设机制，成立领导小组，对教师的思想、工作和生活状况进行了解，开展调查研究、风险预估以及师德教育活动等。此外，还需要听取师生们的建议和意见，并在出现问题时采取相关措施解决，以改善师德师风。运用现代信息技术的优势，创建互动交流的网络平台，促进教职员工、师生之间的及时沟通、交流和反馈。长期开展青年教师和辅导员"青蓝工程"，详细规划实施细节和评比标准，使杰出教师的高尚品格和职业道德能够在不知不觉中影响和激励年轻教师。

鼓励教师加强思想沟通和业务交流，尤其是老教师和新教师之间的交流。同时，提倡年轻教师深入学习教学技巧，提高他们的教学水平和增强育人责任感。完善教学监管制度，对于课堂教学质量和教风进行更加严格的评价，并将教师的职业表现和师德行为情况作为考核的重要依据，年度绩效考核和奖惩与考核直接挂钩，以此确定教职员工的聘任、升职和奖惩。需要关注和评估教师在备课、编写教案、教授课程、批改作业、组织考试、指导论文和调查等方面的表现，以及其在学术和科研中的道德和行为表现。制定具体的师德师风量化考核标准，拓宽评价模式。建设以教师品德为核心的校园文化品牌，鼓励珍视教师道德修养文化，构建"以人为本"的文明氛围。给予教师充分的关注和关怀，确保教师的实际利益得到保障，满足教师职业发展的需求，同时为教师创造宽松的工作氛围，使其能够更加专注于工作，减少不必要的后顾之忧。建立积极正面的师德教育氛围，建立教师与学生、同事和上级之间的良好关系，培养教师的责任感和大局意识，使教师在教学、科研、教导学生等方面取得更好的成绩，同时为学校的发展创造有利的环境。

第二节　高校管理队伍建设

一、高校校级管理队伍建设分析

高等教育要提高质量，队伍建设是关键，而队伍建设又包括十分丰富的内容。其中，师资队伍和管理队伍是最为重要的组成部分。相比而言，师资队伍建设的重要性得到了广泛的认同和更多的关注，但是，关于管理队伍建设的研究和思考仍缺乏针对性和系统性，因此有必要对队伍建设进行整体性思考，把管理队伍建设摆在更加突出的位置，认真进行系统设计、有序推进，使之成为高等教育提高质量的有效支持。

（一）制约高等院校管理队伍建设的若干因素

近年来，各高等院校开始重视学校管理，在收入分配制度改革等方面也有了相应倾斜，吸引了一批高层次知识分子从事学校管理工作。

进入高等教育阶段后，学生要从普通中学生顺利实现向大学生的转换。在这个背景下，对学生进行政治引导、学业辅导、职业指导的任务十分繁重。要激发大学生的成功欲，需要唤起大学生的创造欲，也要纠正学生在基础教育阶段养成的不良习惯，建立适应高等教育学习的新秩序，正因为如此，仅是学生教育管理和人才培养工作的任务就十分繁重，从这个意义上讲，高等院校更要全员育人、全过程育人、全方位育人。

（二）高校管理队伍建设任重而道远

高等教育进入提高质量阶段后需要提升和加强管理工作。规模扩张是显性，而提高质量是隐性，十年树木、百年树人。因此，在提高质量方面高等院校有大量的文章可做，教学工作的科学安排，师资队伍的合作调度，安全稳定机制的建立，思想教育的有效性，尤其是与高等教育特征相适应的校企合作、工学结合机制的建立等，都是管理工作和管理队伍建设的重要范畴。

（三）高校管理队伍建设的主要类别分析

构建全方位、整体化高等教育管理队伍，可以从不同角度进行分类建设。

高等院校需要不同层次的管理者，包括决策领导型、管理协调型、执行操作型。

第一，决策领导型管理者。决策领导型管理者指的是高等院校的校级领导班子。这支团队需要对法律法规以及政策方针有深刻的理解，同时要了解市场需求和民意，具备政治、教育、市场、人才等方面的知识，能够把握机会，协同整合各种资源，善于选才和谋局，善于发挥创新能力推进团队的持续成长。这个团队需要具有素质水平高、成员适量、智能互补和结构合理的特点。

第二，管理协调型管理者。管理协调型管理者在学校建设和发展中起着承上启下的中流砥柱作用。他们需要有创造性工作的能力，并具备良好的学习和执行能力，同时需要对相关文件和市场有深入的认识，工作思路清晰，能够有效地处理事务并准确地表达观点。

第三，执行操作型管理者。执行操作型管理者主要是指高等院校管理队伍的基层干部。为了胜任执行操作型管理者的角色，必须具备以下基本特质：忠诚可靠、专业素养高、有责任感、能理解领导意图、在规则的范围内履行职责和行使职权，以此成为本领域高超的行家。

在高等院校的管理工作中，应特别注重培养以下六类队伍，以促进管理队伍建设。

第一，教学管理队伍。教学管理队伍是高等院校管理队伍的基础。学校的重点工作是培养人才，因此教学是中心。要实现这个目标，就需要建立一支熟悉高校教育规律、精通市场、熟悉专业、懂管理的教学管理队伍。这支队伍包括教务处等职能部门、实训等辅助教学管理部门，以及系（部）和专业（教研室）主任。

第二，育人管理队伍。育人管理队伍是高等院校管理队伍的重要组成部分。在学校工作中，优先德育，坚持以培养育人为中心，因为育人工作是学校最核心的任务。因此，构建一支素质高、能有效引领学生成长的管理团队非常关键。这支团队必须了解学生的需求，掌握育人规律，并具备教育学、心理学等领域的知识。他们应该热爱学生、有责任感、善于教育，并愿意为学生服务。

第三，市场营销队伍。市场营销队伍可以被看作教育系统的特殊组成部分之一。一所高校想要生存和发展，必须明确自身定位、深入了解市场、开拓市场、巩固市场，这是不可或缺的。因而，高等院校应该注重培养具备市场敏感度和出色营销技能的人才，从而促进高等教育的长期发展。

第四，安全管理队伍。要确保学校得到发展、水平提升，首要任务是保障学校的安全和稳定。因此，构建一支安全管理队伍显得尤为关键。这支队伍必须忠于职守、恪守纪律、担负起责任，同时具备奉献精神和牺牲精神。

第五，后勤保障队伍。由于许多高校的学生来自外地，因此住校成为一种普遍现象。为了保证学校的正常运营，高校已经开始普遍建设和完善后勤生活设施。我们需要创建一支后勤保障团队，这个团队必须具备强烈的服务意识、高超的服务技巧与能力以及踏实勤勉、踏实肯干的特点。

第六，辅导员队伍。辅导员是中国高等院校队伍中的特色组成部分，其主要任务是学生思想政治教育、学生发展指导和学生事务管理。按照中央有关要求，辅导员队伍要按照双重身份、双重待遇、双线晋升的要求，既要作为师资队伍来抓，也要作为管理队伍来抓，并切实增加投入，加强建设。

（四）现阶段加强高等院校管理队伍建设的建议

高等院校管理队伍建设是一项系统工程，必须进行制度上的顶层设计，并争取有力措施加以推进。

1. 积极构建"双阶梯"式管理和激励模式

高等院校必须设立独立的教学和管理团队，两个团队可以有一定的交叉，但是对于承担"双重职责"的范围和条件应该有明确的限制。教师团队和管理团队在工作职责、工作方式和所需能力、知识素质上存在差异。因此，这两个团队建设各有其重要性，不能偏向其中一个。对于个人来说，应该根据自身的独特才能、条件和其他因素科学规划，确定合适的职位。同时，尽可能稳定在自己的职位上，转换工作要慎重考虑。对于学校来说，应该明确教师和管理人员的职位等级和职务晋升的方式，让他们在不同的等级和发展阶段更好地履行职责、实现成长。在制定管理制度和考核方案时，需要灵活运用不同的准则和方法，提供有力的激励措施，鼓励员工在不同职务中不断努力创新、贡献和取得优异表现。

2. 科学设计管理队伍岗位设置和管理办法

全国范围内进行的事业单位岗位设置管理和改革，对规范事业单位岗位设置和人员管理具有较大的推动作用，对实现事业单位内部管理由经验模式向科学模式发展具有积极的促进作用。事业单位的存在理由主要是实现各级政府的公共服务责任、落实社会公平与福利的价值追求，不同于行政机构的公共管理职能与社会安全、秩序追求。因此，高等院校应该根据自身的特点，采用企业化的管理机制和绩效考核方式。例如，可以优化教职工工资结构，减少基本工资部分，加强绩效考核的内容。

3. 搭建专门针对管理队伍的综合培养体系

培训和教育是加强高等院校管理队伍建设、提高管理队伍水平的必要条件。为此，需要建立综合化、立体式的培养体系，并区分师资队伍培训与管理人员培训的培养理念与培养内容，各有侧重。以下是几个具体方面的建议：

首先，进行岗前培训，坚持先培训后上岗的原则。新晋管理人员应在上岗前接受系统的培训，掌握专业知识、理解管理理念和掌握相关技能。通过培训，可以帮助管理人员尽快适应工作岗位，提高工作效率。

其次，进行岗位轮训，及时传达和领会新形势、新政策、新理念。高等院校管理工作环境常常面临变化，包括政策法规、社会需求、教育市场等方面的变化。因此，对现任管理人员进行定期的岗位轮训是十分必要的。通过培训，管理人员可以及时了解和掌握最新的政策和理念，提升自身的专业素养和能力水平。

最后，进行转岗培训，确保轮岗或转岗者都经过培训。高等院校管理队伍中经常存在岗位轮岗或转岗的情况，为了确保管理人员能够胜任新的工作岗位，需要为其提供专门的培训。这样可以帮助管理人员快速适应新的岗位要求，转型成功。

此外，还可以考虑建立培养计划和培养机制，为管理人员提供持续进修和专业发展的机会。管理人员可以通过参加学术研讨会、培训讲座、行业交流等活动，不断拓宽自身的视野和知识，提高专业素养和管理水平。

要做到这些，就必须由教育行政主管部门会同有关方面设计系统的岗培从业资格标准，提供岗位培训条件和渠道，在培养内容上应当提升双语会话、计算机网络应用、公共管理学等方面的能力与水平，从而有利于管理队伍建设的有效开展。

二、高校辅导员队伍建设

在高校中，辅导员是一个特殊的职业群体，作为高校的教师和管理人员，扮演着重要的双重角色。他们不仅是高等教育不可或缺的师资力量，也是大学生德育和思想政治教育的核心力量。在大学生日常生活中，辅导员扮演着组织、执行和指导大学生思想政治教育和管理工作的角色。他们是大学生成长和成才道路上必不可少的指引者。其地位身份之特殊、责任使命之崇高，足以说明建设好这支队伍的重要性。

（一）高校辅导员队伍的职业内容特性

1. 高校辅导员工作的主要内容

在高等学校中，辅导员是不可或缺的一群人，他们在德育教育和思想政治教育工作中扮演着重要角色，是大学生成长过程中的关键引导者。

指导学生党支部和班委会的建设，培养学生党员和学生骨干的是专职辅导员。大学专职辅导员负责组织和指导大学生的思想政治教育和日常管理工作。高等院校专职辅导员是学生思想政治教育的最前线工作者，大学生的日常思想政治教育基本都是他们组织的。其中包括指导学生学习中国共产党辉煌的历史，加深学生对祖国的爱；引导学生培养对自己民族的高度自豪感和自信心；激励学生关注时事政治和国家建设，帮助他们深入了解我们国家和社会的现状；指导学生党支部和班委会的成长，培养学生党员和优秀学生干部。

高等院校专职辅导员是学生成长成才的导师。高等院校是培养社会急需的高层次应用型人才的地方，其核心是塑造人的教育。在大学时期的成长阶段，青年学生会形成自己的世界观、人生观和价值观，这些观念会深深地影响他们的未来发展。专职辅导员需要担当教育引导者的角色，助力青年学生解决成长道路上的挑战，引导他们走向正确的发展道路，促进个人素质的提升和成才。

大学专职辅导员应该是学生最值得信赖的伙伴之一。要做到这一点，需要建立良好的交流渠道，与学生建立友好关系并深入了解他们的生活状态、学习情况和思维方式。只有这样，专职辅导员才能有效地影响和指导学生，才可以担任大学生活导师的角色，帮助完成大学生的日常思想政治教育和管理。

在这几个层次的工作内容中，学生思想政治教育是辅导员的核心工作，学生成长成才指导是主体性工作，学生日常事务管理是基础性工作。

2. 高校辅导员工作的主要特征

高校辅导员工作的对象是大学生，因而决定了其工作性质具有以下特点：

（1）对象的善变性

大学生具有特定价值倾向，并且在不断变化和发展。因此，作为辅导员，必须能够适应并处理这种变化，这也体现了辅导员职业的挑战性和创造性。另外，还要求辅导员拥有更为优秀的思想素养、教育观念、教学技能和职业能力。

（2）内容的复杂性

辅导员的工作十分繁杂，涉及各个方面，而且没有具体的时间和空间限制。辅导员需要掌握校内的教育资源，并整合社会和家庭的教育资源，确保学生获得全方位的教育支持。

（3）影响的长效性

辅导员有多种不同的工作方法，因此对大学生成长的影响也是多方面的。除了知识和智慧，他们还需要拥有积极向上的态度和强大的榜样力量，这是不可或缺的。在大学校园中，辅导员和学生相处时，会进行交流和互动，并且这种交流不限于双方之间。辅导员的工作理念在于潜移默化地对大学生产生长期的正面推动和影响。

3. 由工作内容和性质提出的辅导员素能要求

辅导员需要具备教师和管理者的双重素质和能力。具体来说，主要应具备高学历、高素质、高水平。

（1）高学历

高学历是辅导员具备渊博知识和丰富智慧的一般前提条件，也是赢得大学生信任的主要前置内涵，自然也是做好辅导员工作的重要因素。同时，这里所说的高学历是相对于辅导员的工作对象而言的较高学历，不应理解为片面追求高学历甚至最高学历。

（2）高素质

辅导员工作主要是做人的工作，辅导员的行为规范、道德品行、言语能力、奉献精神等都是十分重要的，缺少高素质，辅导员工作一定做不好。

（3）高水平

高水平需要有经验和知识的积淀，也需要有处理复杂问题的技巧和艺术。辅导员要善于发现问题、分析问题、解决问题，有能力让学生面貌既健康向上、生机勃勃，又保持平衡有序。

（二）对加强高校辅导员队伍建设的整体思考

高等院校专职辅导员队伍建设是一项复杂、系统的工程，要做好高等院校的专职辅导员队伍建设工作，需要从合理配置并优化专职辅导员队伍的结构、建立卓有成效的专职辅导员队伍建设激励制度、建立健全专职辅导员的培训培养体系等方面着手，加强对专职辅导员的科学化管理。

1. 合理配置并优化专职辅导员队伍的结构

高等院校的专职辅导是学生在校期间寻求指导最多、联系最为紧密的人群，所以高等院校应针对当前高等教育的发展实际，按照德才兼备和精干的原则，合理配备一线专职辅导员，并优化这支队伍的结构。

（1）保证专职辅导员的数量

高等院校应该严格控制专职辅导员和学生的比例，至少保持 1：200，并对前来参加招聘的辅导员进行严格筛选。随着高校人事管理制度的变革，专职辅导员的招聘渠道也增多了。如果不加强筛选，就会面临人才质量参差不齐的风险。

因此，对于高等院校专职辅导员队伍的优化，关键在于加强"引进人才"的把控。除了把住进口，还需要开通"出口"，及时对那些表现不佳、实践证明不适合担任辅导员工作的人员进行调整，以建立一个良性循环的机制，使机制"能上能下、能进能出"。

（2）严格专职辅导员的准入制度

高等院校要在源头上把好专职辅导员队伍的入口。在招聘专职辅导员时，应按照德才兼备的标准，坚持公平、公正、公开的原则，遵循政治强、业务精、纪律严、作风正的素质要求，从品学兼优的高校毕业生、优秀青年教师中选拔、培养专职辅导员，以保证这支队伍的总体素质。

一般而言，在我国高等院校从事学生思想政治教育及学生事务管理工作的专职辅导员必须是中共党员，要具有坚定正确的政治方向、敏锐的政治洞察力和政治鉴别力，并能坚持党的教育方针。从人员配备来看，应严格按照国家规定的辅导员与在校学生人数 1：200 的比例标准配备专职辅导员。从选拔程序来看，要坚持面向社会公开招聘和在本校青年教职工中单独确定考察人选和对象的内部选拔相结合的方式。

（3）把握专职辅导员队伍的五个结构

高等院校要在专业、学历、职称、年龄、性别等方面把握好专职辅导员队伍的五个结构。

第一是专业结构。因为高等院校的学生思想政治教育和日常事务管理工作是一门科学，涉及思想政治教育、心理学、社会学、伦理学、教育学和管理学等专业领域，就需要从事该项工作的专职辅导员必须具备上述学科的专业背景。

第二是学历结构。随着高等教育的不断发展，学生的思想观念日趋多元，学生思想政治教育及日常事务管理工作迫切需要高学历的专职辅导员加入，因为高学历的专职辅导员不仅能更深刻地分析、探讨、研究学生的思想政治工作，还能在学生中更好地树立威信。

第三是职称结构。高等院校应创造条件打破专职辅导员职称评审的瓶颈，形成高中低梯次合理的专职辅导员职称结构，合理的职称结构能在具体的工作中发挥高职称辅导员的"传、帮、带"作用，促进低职称辅导员快速成长。同时，搭配合理的职称结构是专职辅导员队伍综合实力的体现，有利于维护专职辅导员队伍的稳定。

第四是年龄结构。在实际工作中，不同年龄段的专职辅导员有着不同的工作特点，因为年龄不同，其阅历和经验也各有不同。比如，年轻的辅导员思维活跃、观念新颖、工作有激情，且容易和学生打成一片；工作年限久、年龄稍长的辅导员经验丰富、见多识广，当面临复杂问题和突发事件时，他们能够巧妙应对、周到处理，因为年龄的关系，年长的辅导员在工作中更容易让学生信服。

第五是性别结构。随着社会观念的不断变化，家长对子女教育的重视程度越来越高，在高等院校里，女大学生的数量和规模逐年增长，在有些高等院校，女学生的数量甚至大大超过男学生的数量，女学生成为校内的学生主体。这在一定程度上改变了以往学生思想政治工作的内容和方式。同时，由于女性在生理、心理上的特有性质，高等院校必须在专职辅导员的性别结构上予以合理设置，以便在实践中更好地开展学生的思想政治教育与日常事务管理工作，增强辅导员工作的针对性和实效性。

2. 建立卓有成效的专职辅导员队伍建设激励制度

（1）打通专职辅导员的职称评审瓶颈

鉴于专职辅导员职责和职位的独特性，建议高等学校将专职辅导员的聘任等同于教师，实行教师职务聘任制。同时，在评定职称时，应给予适当倾斜。专职辅导员可以以思想政治素质和实际工作成绩作为重点，申请政工、教师和研究方面的职称。

高等院校有责任根据自身评审权和相关政策规定设立独立的评审机构，专门进行思想政治教育职称的评审，并对专职辅导员的职称评审工作进行指导和推荐。在招聘专职辅导员时，要特别重视其在思想政治工作领域的实际操作能力和实践经验，对其思想政治素养、理论水平以及在从事思想政治工作方面的成果和表现进行全面评估。

（2）理顺专职辅导员的管理体制

理顺管理体制是专职辅导员队伍长效性建设的重要一环。高等院校要出台专门的制度，明确专职辅导员的岗位工作职责，做到目标任务清晰，工作落实有章可循。若能处理好体制问题，专职辅导员的职业认同感将得到加强。同时，工作职责会变得更加明确，在辅导员职业中有明确的方向和前进的动力，使专职辅导员成为一项可持续从事的职业。这将为实现专职辅导员职业化奠定必要的基础。

（3）明确专职辅导员的出路和待遇

高等院校要关心专职辅导员的工作、生活和出路，认真落实有关政策，从制度上解决好他们的职务、职称、待遇、发展等问题，改善专职辅导员的奖励评价机制。把优秀专职辅导员作为一个荣誉称号纳入各级教师的表彰体系中，并按照一定比例进行评选，最终进行统一表彰；应当发掘一些表现突出的专职辅导员，将他们的优秀事迹广泛宣传，以此充分肯定他们对大学生思想政治教育做出的重要贡献；专职辅导员的岗位津贴要纳入高等院校内部分配体系统筹考虑，确保全职辅导员实际工资与同级、同职位的正式教师实际工资基本持平；专职辅导员应享受所聘岗位的岗位津贴；在院内教职工福利方面，专职辅导员应与本院相同资历、相应职务的专任教师享受同等待遇；高等院校要统筹规划专职辅导员的发展出路。

凡在专职辅导员岗位上工作满一定年限的人员，根据工作需要、本人条件和意愿，应有计划地做好他们的"提、转、留"工作：提——重点培养在思想政治工作方面表现优秀、具有实际工作能力、有发展潜力的中青年骨干，作为党政后备干部，并通过不断优化专职辅导员队伍，根据工作需要逐步提拔使用这些人才；转——转到教学、科研或管理工作岗位；留——继续留在学生思想政治工作岗位上并加以培养。通过以上措施，建立积极向上的选拔培养机制并不断改进，以促进干部之间的交流。

3.建立健全专职辅导员的培训培养体系

高等院校需关心专职辅导员的成才成长，加大对这支队伍的培训培养力度。

要通过发挥学校内部学生工作经验丰富的老教师的"传帮带"作用，积极创造有利于专职辅导员开展工作实践和研究的教学科研条件，同时要坚持培养和使用相结合的原则，促进专职辅导员队伍的整体水平提高。

（1）实施辅导员"青蓝工程"

实施辅导员"青蓝工程"，通过开展指导教师与新辅导员结对子活动，发挥指导教师的"传帮带"作用，使辅导员尽快提高自己的职业道德、学生工作能力和管理水平，建设一支政治思想好，师德高尚，具有严格的科学态度、团结合作和创新进取精神的辅导员队伍，使他们在辅导员岗位上由合格提升到胜任，由胜任进步到优秀。"青蓝工程"中的"青方"是指新进校从事专职辅导员工作的青年教师，"蓝方"是指具有丰富学生工作经验的教师和管理干部。

"蓝方"的主要职责：帮助辅导员提高政治思想素质和敬业精神，增强其工作能力、社会适应性和社交能力。点评指导辅导员所开展的学生管理工作，指导辅导员开展重大、疑难的学生管理工作，帮助辅导员尽快提高学生管理工作水平。帮带期为2年。

"蓝方"的聘任条件：具有良好的职业道德和思想情操，为人师表，工作踏实，有积极进取的精神。具有中级及以上职称，至少在本校担任过一届班主任工作且考核及格及以上者或从事学生工作2年以上的相关人员。

"青蓝工程"实施措施："青蓝工程"由学生处负责组织实施和考核。每名新辅导员由所在系或学工部推荐指定一名指导教师。个体"青蓝工程"的培养计划由系部负责制订，并具体落实。各系（部）负责对本系（部）"青蓝工程"实施情况进行定期抽查和期终验收。每学年末全院组织开展总结评比活动。帮带期满经考核合格以上者，学院根据考核结果，给予指导教师一定数额的奖励。被培养的新辅导员表现优秀者，学校同样需要给予一定的奖励。经考核不合格者，青方将不予聘任或解除录用协议，蓝方视同班主任或学生导师考核不称职。

（2）加大专职辅导员队伍培训培养力度

在实践的同时融合培训，进一步巩固专职辅导员队伍，并提升其职业素养。应采用多种形式的培训教育活动，如组织经验交流、提升学历、定期培训、职业考察等，以不断提升员工的政治理论素养和政策水平，从而提高组织管理工作水平和工作技能。学校应将专职辅导员的培养视为师资和人才培养计划的一项重要内容，同时应给予他们与专职教师同等的薪酬待遇。

建立长效培养制度，切实促进专职辅导员队伍的整体水平提升。高等院校要建立长效培养制度，对专职辅导员定期进行培训，如岗前培训、日常培训、专题培训、更新知识培训等，培训内容主要包括马克思主义基本理论、时事政策、管理学、教育学、社会学和心理学，以及就业指导、学生事务管理等方面的知识和技能。对专职辅导员的培训要纳入学校的师资培训规划，由组织部、人事处及学生工作部负责实施。

原则上每年对专职辅导员队伍至少进行一次业务培训，对新从事学生工作的专职辅导员进行一次岗前集中培训，每年与省内外院校进行校际交流1～2次，每两年组织一次省外学习考察。

第一，岗前培训制度。新招聘的辅导员上岗之前，需要进行岗前培训，由专业人员或经验丰富的辅导员负责指导，使其熟悉学院的基本情况和具体管理工作。专职辅导员经过培训达到基本要求取得合格证书后，方可上岗工作。

第二，学生工作例会制度。院校每月要召开1～2次由各二级学院党委书记（分管学生工作的副书记）或专职辅导员参加的学生工作例会，在会议上，要结合当前实际，加强时事培训，让专职辅导员了解更多的现行政策及管理条例，以会代训，通过例会学习文件、研究问题、布置工作等，从而让专职辅导员更好地了解学生工作的管理规定。

第三，专题培训制度。采用座谈会或讲座的形式进行学生管理工作的培训，从某个主题切入，促进与会者之间的经验交流和总结。此外，还可以邀请相关专家开展专题讲座，帮助专职辅导员更深入地了解和学习与其工作领域相关的专业知识。

第四，在职学习与进修培训制度。高等院校应当在鼓励专职辅导员负责好大学生思想政治教育的同时，提供机会让他们在职攻读相关专业学位。这种做法有助于培养和激励专职辅导员在思想政治教育领域成为专业人才。选拔优秀专职辅导员脱产攻读相关的硕士、博士学位，实现骨干队伍向思想政治教育和学生管理的职业化、专业化方向发展。专职辅导员工作满一定年限后，学校要有计划地安排他们进行一定时间的脱产、半脱产培训进修。此外，学校还需要选派一定数量的专职辅导员进行业务培训，如心理咨询师培训、职业指导师培训等。

当然，有条件的高等院校应设立辅导员培养发展基金，每年划拨一定专项经费，用于专职辅导员的培训学习。辅导员培养发展基金的管理和使用由学生工作部统一负责，根据学校计划和各二级学院申报的项目给予资助。各二级学院必须结合部门实际设立专项经费用于专职辅导员的培养提高。

（3）创造专职辅导员结合工作实际开展教学科研的条件

由于专职辅导员所从事的学生思想政治教育与日常事务管理是一门科学，所以高等院校要充分依托本校思想政治教育学科的资源优势，鼓励和引导专职辅导员挂靠思想政治教育或人文素质与职业素养教研室，为其专业化和职业化发展提供学科支撑。

同时，要创造条件支持一线专职辅导员开展与实际工作有关的实践性研究，推动专职辅导员队伍由"埋头苦干型"向"实践研究型"转变。条件成熟的高等院校最好能为专职辅导员配备专门的导师，通过一对一指导提升辅导员的理论素养和科研水平等。高等院校要把学生思想政治教育与管理的研究纳入哲学社会科学科研管理范畴，规范管理。

充分发挥学校思想政治工作研究载体的作用，为专职辅导员开展研究工作提供平台。学校要划拨研究专项基金，采取招标和委托的方式，支持专职辅导员就大学生思想政治教育中迫切需要解决的若干重大问题进行具有实际应用和前瞻性的课题研究，分配专职辅导员对大学生思想道德修养与法律基础、形势政策教育、心理健康教育和就业指导等相关课程进行授课，并合理核定工作量。把专职辅导员开展教学和科研的情况作为年度考核和职称评定的重要依据。

总的来说，专职辅导员在高校学生管理中承担了重要的责任，高校需要培养具备优秀思想素质和适应时代发展需要的应用型人才。现在积极推进素质教育，需要加强大学生的思想政治工作，建立一个专职辅导员团队。这个团队需要具备高尚的思想品德和专业素质，具有出色的工作能力和敬业精神，以适应长期而稳定的高校学生管理工作。

三、高校班主任队伍建设

中国的高校特别强调学校的教书育人职责，因此，一般而言，各高等院校都按照规定配备足量的思想政治教育辅导员。与此同时，各院校根据学生工作的需要，建立了以班级为基本单元，以专业、年级、系部（或二级学院）为主要归口的管理组织形式。

目前的班主任工作模式主要有两种：

一种模式是辅导员直接带班负责班级的教育管理工作，一些学校会同时配备班主任，此时的班主任主要侧重于学生的专业指导和学习辅导，班主任的角色定位类似于导师制中的导师。在这种模式下，也有一些学校不再另外配备班主任，由辅导员负责全部的管理工作。

另一种模式是按照教育部相关文件要求的比例，保证每个院（系）的每个年级都有一定数量的专职辅导员。同时，每个班级要配备一名兼职班主任。

（一）高校班主任的地位与作用

在高等院校中，辅导员和班主任扮演着非常重要的角色，是大学生思想政治教育的重要力量。班主任在学生成长过程中承担着引领学生思想、学业、生活等健康成长的任务，是学生成长道路上的领路人和指导者。

斯坦福大学教育专家内尔·诺丁斯在《学会关心——教育的另一种模式》中指出，"强调教育的道德意义，主张教育应该培养有能力、关心人、爱人也值得人爱的人"[①]。若学生不被教师关注、重视，他们就可能无法理解如何关注他人、如何处理公共事务。

班主任在学生思想教育方面扮演着关键的角色。班主任是班级管理的直接责任人，有责任组织相关的教育活动；班主任需要确保学生的安全和稳定，持续关注学生的情况，了解学生的需求，并且积极消除任何可能存在的安全风险；班主任扮演着管理学院学生的首要角色，为学生提供动态信息的来源，还负责促进家校互动，提升学生的就业竞争力等。班主任是推动学风建设的关键人物，除了引导学生规划学业，他们还要积极推动实施诚信教育和考风考纪教育。另外，班主任还要激励学生积极参与社会实践活动，提升学生的创新意识和创新能力，重要性不言而喻。

班主任是一班之主，从新生入学到毕业都在带班，可谓与学生千日相连、朝夕相处，毕业后会与学生保持十分密切的联系。学校有什么任务乃至通知都要通

---

① 黄乃祝，钟嘉鸣．内尔·诺丁斯的"关心"教育模式 [J]．新课程：综合版，2015（12）：3.

过班主任传达或安排；党组织要吸收学生入党，不管班主任是不是党员，也要听听班主任的意见；至于评选考核、推优评奖，与班主任更有直接的关联。人们在列举学生情况时，往往都说是哪个班的，甚至是哪个人（指班主任）的。毕业后回校或遇见校友，都会问或答是哪个人（指班主任）班上的。由于班主任与班级学生联系的广泛性、密切性、频繁性和长期性，使班主任对学生的影响非常直接、非常广泛乃至非常深刻，从一定意义上讲，班主任是班级的灵魂。

教师担任班主任，一是可以促使教师进一步深入了解学生，更好地把握学生的需求和特点，为更好地开展教学活动打下良好的基础；二是可以提升教师的组织管理、沟通交流和处理复杂问题的能力，积累丰富的学生工作经验，促进理论知识与具体实践的相互促进融合，全面提升教师的自身能力和综合素质；三是可以将教书和育人工作有效结合。

早在 20 世纪前半叶，人民教育家陶行知先生就十分明确地提出他的主张，"先生不应该专教书，他的责任是教人做人"[①]。可见，教书育人是教师的天职，是教育工作应有之义。高校班主任制将教书和育人两大职能有机结合，体现了教师天职的要求。

班主任在高校系统中的地位得以确立，是因为他们能满足上述各方面的现实需求，这也彰显了他们在育人工作中的特殊地位。

（二）高校班主任的角色定位

班主任能推进大学生思想政治教育和指导学生健康成长，是学生的引导者和指导者，在工作中扮演着多重角色，发挥着不同的职能，从多个方面体现着对学生成长成才的重要价值。

1. 班级工作的组织管理者

班主任作为班级事务的第一责任人和主要管理者，全面负责所带班级的日常管理工作。从学生入学至毕业的几年间，无数大大小小的事情都是在班主任的指导下，师生相互配合协作得以完成的。班主任如同掌舵手，在把学生送往顺利毕业和成长成才彼岸的过程中，在确保学生安全稳定的基础上，既要把握好班级的前进方向，又要善于处理协调班级工作的具体事宜。学生的思想政治教育、班风

---

① 王小洁. 对陶行知"做人"教育的思考 [J]. 新课程教学案例，2009（6）：4-6.

班纪教育、评奖评优、学生干部队伍建设等各项工作都与班主任日常工作密切相关。因此，班主任的重要任务之一是担当好班级工作的组织管理者，从宏观上掌控，从全局上把握，从细微处着手班级的各种事务，充分调动学生的主动性和积极性，营造积极向上的班风学风，营造良好的学习成长环境。

2. 学生成长路上的指导者

高等教育是一种培养适应未来社会的具有较高思想道德素质和科学文化素质的准职业人的教育，其在人才培养目标、办学理念、教育模式、教学方式等方面都与中学教育存在较大的区别。新生由于缺乏对大学的正确认识和深入了解，面对全新的高校生活往往表现出对新环境的不适应与对个人发展方向的迷茫困惑。部分学生存在不自信心理，对目前所学专业很茫然。同时，处在不同阶段的学生会面临各自不同的问题，这些问题与学生的日常生活、学习发展以及自身利益息息相关，若不能及时有效地处理，将会对学生的成长成才带来或多或少的影响。因此，班主任对于学生在成长过程中遇到的种种困惑给予指导和帮助就显得尤为重要。班主任的重要角色便是做好学生成长道路上的指导者和引路人。

3. 学生世界观、人生观和价值观的引导者

班主任是青年学生道德品质的塑造者和世界观、人生观、价值观的引导者。大学期间是学生道德修养、理想信念以及世界观、人生观和价值观形成的重要时期，学生的价值取向和道德追求在很大程度上取决于其所接受的学校教育和文化熏陶，而班主任是与学生接触最多、联系最紧密的教师，其思想观念和言行举止会在无形中对学生的思想观念产生潜移默化的影响。因此，班主任要做好学生世界观、人生观和价值观的引导者，以日常思想政治教育为契机，引导学生树立正确的世界观、人生观和价值观，教会学生在复杂多变的社会环境中坚定立场、坚持原则、坚守信念、明辨是非。

4. 班级活动的主导者

班主任是班级活动的策划者。班级重大活动的开展，离不开班主任的指导以及学生干部的配合执行。一个学期举办什么样的班级活动、如何举办活动、活动要达到的目的和效果是什么，需要班主任审核把关。其中的一些具体活动还需要班主任提供指导，学生负责具体事务的执行落实，双方相互配合，才能使活动顺利有序地开展下去。例如，主题班会的开展，需要班主任围绕当前的中心工作并

结合本班学生的实际特点进行组织策划，并以此逐步教会学生处理问题的思路和方法。

5. 学生的良师益友

和谐良好的师生关系应是一种亦师亦友的关系。作为班主任，除了需要以教师的身份引导教育学生，也应该以朋友的身份深入到学生中间，赢得学生的信任与喜爱。班主任既要在学生中树立威信，履行传道授业解惑的职责使命，关心关爱学生的成长成才，尽己所能为学生的发展和需要提供指导和帮助，又要与学生打成一片，以朋友的身份拉近与学生的距离，增进师生之间的情谊，倾听学生的真实心声，敞开胸襟接受学生提出的意见和建议。除此之外，班主任还要积极发扬民主精神，抛弃师生之间呈二元对立的管理与被管理的陈旧观念，淡化师长身份，与学生平等对话、亲切交流，形成亦师亦友的良好师生关系。

（三）高校班主任应具备的素质

高等院校班主任身处学生工作第一线，是学生从学校到社会过渡的导航人，扮演着多种角色以及承担着来自多方面的工作，应具备良好的综合素质。

1. 思想政治素质

班主任是高等院校思想政治教育工作队伍中的重要组成部分，是开展学生思想政治教育的骨干力量。班主任的思想政治素质主要包括以下三个方面：

一是政治理论水平。班主任应当具有较高的政治理论水平和深厚的马克思主义理论基础，及时学习党和国家的最新路线、方针、政策，以自己的理论知识和文化修养去影响学生。

二是积极进取的精神。政治理论水平的高低并不能代表思想觉悟的高低，关键在于理论学习之后通过自身的思考将理论上升为行动的指南，使理论真正成为推动实践和提高业务的动力，并以积极进取的精神感染带动学生成长。

三是道德修养和师德师风。学高为师，身正为范，作为一名高等院校班主任，在教育学生、管理学生和服务学生的过程中，如果具有良好的道德修养和师德师风，具有明确的善恶是非观念，在做学生思想政治教育工作时，就可以通过身教的力量影响学生。

2. 业务素质

班主任工作是一项十分讲究工作方法和技巧的综合性工作。班主任在实际工作中会面临多种问题，面对班级可能发生的事情，需要班主任具备扎实的业务水平，拥有丰富的知识储备，并且善于灵活运用知识。因此，班主任业务素质的提升对于提高班级管理的成效具有重要作用。

班主任需要加强业务学习，不断通过日常学习充实完善自身的知识结构，掌握与学生教育管理工作相关的教育学、管理学、心理学、思想政治教育原理与方法等方面的知识，了解与学生管理相关的各种规章制度和实施办法，研究当代学生的心理特点和成长规律，加深对班级管理和思想政治教育的理解与把握。

为了更好地管理班级、与班级的学生交流，班主任应积极获取与学生的基础知识相关的信息，并采用有针对性的方法为学生提供专业的指导。这样可以促进师生之间更加良好的沟通与交流。应用系统化的教育理论和方法，理解教育的目标、原则、过程和方式，有效地塑造教育环境，恰当地利用所有教育资源，深入了解最新的学生情况，以实现最有效的教育效果。

3. 心理素质

班主任工作对于学生的成长成才起着重要作用，一位优秀的班主任，应该保持高度的职业操守和责任心，充满热情并自觉承担教育的责任，用爱心、关心、耐心和细心把班主任工作当作一份崇高的事业来对待。班主任应具备良好的心理素质，那些心理素质高的人，能够冷静自若地面对各种问题。他们凭借敏锐的观察力和客观的推理能力，能准确分析问题的主要矛盾，并采取适当的方式解决这些问题。具有必要的心理健康知识的人，可以及时发现并有效化解学生的心理冲突，可以合理利用校内外资源做好学生的心理健康教育，培育心智健康的学生。除此之外，拥有年轻健康心态的班主任也更容易和学生相处，更容易成为学生的知心朋友，从而更好地开展学生工作。

（四）高校班主任队伍结构

根据系统论，系统的功效由两个主要因素决定，第一个因素是构成系统的要素质量，第二个因素是系统要素之间的组合联系方式，也就是系统的组织结构。高等院校要根据实际工作需要，对班主任队伍进行科学的结构配置。一支结构合理的班主任队伍主要体现在以下四个方面：

1. 高校班主任年龄结构分析

班主任队伍的年龄结构就是不同年龄段教师的数量比例和彼此的关系。年龄是一个衡量个体成熟程度的重要特征量，不同年龄的群体在身心特点、性格气质和思维方式等方面有较大的差异，不同年龄的教师具有不同的优势，教育和管理学生所运用的方法与手段也不尽相同，因而年龄是班主任队伍人员结构中的一个重要因素。

例如，老年教师的教学经验较为丰富，教学功底扎实，但可能激情和活力相对不足，且可能会与学生之间存在代沟；青年教师充满激情和活力，教学方式和手段比较新颖多样，较易与学生打成一片，但是实际教学经验比较欠缺，处理问题的能力相对欠缺；中年教师兼具老年教师与青年教师的优势，但往往由于家庭、生活、教学、科研等事务缠身而导致投入到学生身上的时间和精力有限。

因此，在加强高校班主任队伍建设时，应考虑把不同年龄段的教师吸纳进来，全面覆盖经验丰富的老年教师、"中流砥柱"的中年教师、"生机勃勃"的青年教师，使不同年龄段人员优势互补，从而创建一支老年教师、中年教师和青年教师比例适当的队伍，并保持队伍的平衡状态。

2. 高校班主任知识结构分析

高校班主任知识结构主要是指班主任队伍中具有不同知识水平和知识结构人员的比例构成和相互关系。

从知识水平来看，高等院校教师的知识有多少之分和深浅之别，学历层次涉及从本科到博士各个层次，并且教师的教学和科研水平也有着显著的差异。

从知识结构来看，高等院校各系部教师的专业五花八门，跨度较大，涵盖了学校所有的学科门类，每位教师擅长的具体研究方向不尽相同。

因此，要打造一支拥有合理知识结构的高等院校班主任队伍，必须将不同知识水平和知识结构的人员编排进来，结合每名教师的特点和长项，让其分别担任不同年级和不同专业的班主任，并且尽量保证班主任所学的专业与所带班级学生的专业相关或相近，以便更好地对学生开展学业和专业指导。另外，在知识水平方面，班主任队伍应当由初级、中级、高级职称的人按一定的比例构成，一方面鼓励知识水平相对较弱的年轻教师积极投入学生管理工作，另一方面也可以充分发挥中高级职称教师对年轻教师的引领和带动作用。

3. 高校班主任能力结构分析

能力结构主要是指班主任队伍中，具有不同工作能力人员的比例构成和相互关系。每名教师擅长的能力各有不同。班主任能力主要包括专业能力和个人特长，其中个人特长包括演讲表达能力、动手实践能力、社会调研能力、写作表达能力、组织策划能力等。专业能力和个人特长分别对帮助学生进行学业指导和发展学生的综合素质具有重要作用。例如，可以安排动手实践能力较强的教师担任工科类专业班主任，指导学生开展各类电子机械类作品的制作；安排喜好计算机的教师担任信息技术类专业班主任；安排有丰富社会实践和推销经历的教师担任市场营销类专业班主任。通过对不同能力结构的人员进行合理配置，形成能够发挥最佳效能的有机整体。

4. 高校班主任性别结构分析

性别结构主要是指班主任队伍中不同性别的人员的比例构成和相互关系。性别结构的考量可以确保班主任队伍中有足够的男性和女性成员，以更好地满足学生群体的不同需求。男性和女性在教育过程中可能面临不同的问题和挑战，具有不同的观念和方法，因此拥有性别平衡的班主任队伍可以更好地满足学生的个性化需求，提供全面的支持和指导。班主任在学生成长中起着重要的榜样和引导作用。

性别平衡的班主任队伍可以为学生塑造积极的角色模式，帮助他们更好地理解和适应性别间的平等和互补关系。男性班主任可以为男生树立正面的男性形象，促进男生的成长和发展；女性班主任则可以向女生传递积极的女性力量和价值观，鼓励她们追求个人目标和梦想。性别平衡的班主任队伍可以拓宽专业能力的范围。男性和女性在沟通、情感关系、性别教育等方面可能有不同的优势和特长。通过性别均衡化，班主任队伍可以相互学习和借鉴，提高整体的教育质量和学生关爱能力。性别平衡的班主任队伍有助于促进性别平等意识和价值观的传播。通过相关教育，班主任可以引导学生消除性别刻板印象和性别歧视，培养尊重和平等对待他人的观念和行为。因此，考虑性别结构在高校班主任队伍中的作用是为了更好地代表学生群体，传递积极角色模式，提升教育专业能力，并促进性别平等。这样的班主任队伍能更好地满足学生的需求，促进学生全面发展。

在选拔思想政治教育工作者时，应该注重男女的平衡。男女比例应根据不同情况进行相应的调整。例如，对于女生较多的班级，应侧重于选择女教师担任班主任，以便班主任能以过来人的身份设身处地感受女生的一些真实想法，同时方便班主任进寝室了解学生的生活情况。但是，性别结构并不意味着男女师生必须——对应，有时候也要考虑性别的互补，在性别比例失调的情况下，选择异性教师能弥补某一方面较弱带来的缺陷，有时反而会给班级带来意想不到的效果。总之，性别结构应在总体平衡的情况下，视具体情况进行调整和配置。

（五）高校班主任队伍建设的原则

教育以育人为本、以学生为主体，办学以人才为本、以教师为主体。班主任是教师队伍的中坚力量，是学生思想政治教育的主要力量，需要以正确的理念和方法加强高等院校班主任队伍建设，确保班主任人才层出不穷、活力永驻。

1. 人尽其才，优化配置

要建设一支高素质的高等院校班主任队伍，关键在于实施人力资源开发计划，对教师的知识、能力和素质进行科学评估，制订组织合理、有针对性的培训计划。这将提升学校员工的技能，促进团队合作，并提高学校的整体效率。

首先，高校应该帮助教师认知自我和全面评估，包括了解个人条件、喜好、兴趣、优缺点、技能和目标，并使其清楚自己的性格特点、专业领域和优势所在。

其次，学校需要重视整体规划和战略安排，以推动教师之间以及教师与工作事业之间的协调，最大限度地发挥教师的潜力和影响力，协助教师规划自身的职业发展道路。

最后，学校需要评估教师的职业规划，然后为他们提供职业发展的信息和建议，并且制定开发策略，使教师和工作岗位实现良好的匹配。

2. 统筹兼顾，合理引导

高等院校班主任队伍建设是一项系统工程，不仅要考虑队伍中人员的数量和质量，还要考虑队伍的结构性问题以及个体与整体的关系、个体与岗位的匹配程度等。因此，高等院校进行班主任队伍建设时，应当秉承统筹兼顾、合理引导的原则，从宏观上掌控，从全局上把握，打造一支结构合理的班主任队伍。在进行队伍的整体设计时，要将设计的出发点和目的告诉班主任，争取每一名个体成员的积极配合，避免因沟通不畅引起误会。同时，要加强对班主任的合理引导教育，帮助班主任树立大局意识，让其充分发挥自身的主观能动性，自觉地与学院的总体要求保持一致。

3. 公平公正，科学考核

为了充分调动班主任工作的主动性和积极性，应制定高等院校班主任工作条例，进一步明确其工作职责和工作要求。应本着公平公正、奖惩分明的原则，建立科学完善的考评机制，对班主任的工作表现和工作业绩进行客观的评价。在评价中应该同时运用定量和定性的方式进行综合考核。定量是定性的基础和前提，只有付出充分的努力，才能有效地提升工作表现。定性评价是评估某个特定阶段或年度的工作情况。将定量考核和定性考核结合起来，能够保障考核的客观性与科学性。

将考核结果与职称、职务任命、奖惩政策、晋升等积极激励措施相结合。应该调整班主任的评优奖励机制，把优秀班主任的评选纳入各个层级的教育工作者奖励计划中，并以一定比例进行评选和表彰。必须评选一些表现突出的班主任，弘扬先进经验，充分认可他们在学生思想政治教育方面所做的贡献。对于表现不佳的班主任，应该进行指导，指导后仍旧没有任何进步的，就需要考虑将该员工调整到其他岗位。完善班主任工作考评机制，可以充分调动班主任工作的积极性和主动性，促进班主任队伍建设朝着规范化、有序化和竞争化的方向发展。

（六）高校班主任工作的特征与重点

高等教育的目的是培养一线应用型人才，其教育导向尤为明显，高等教育中与学生成长紧密相关的班主任工作具有鲜明的阶段性特征。这种阶段性特征要求班主任根据不同阶段学生的身心特点和发展需要开展具有针对性的活动。

大一阶段是帮助学生尽快适应新环境，努力实现从中学到大学的平稳过渡，调整个人认知和心态情绪，使学生能更好地融入大学生活。班主任要注重对大一学生进行学习习惯养成和学业生涯谋划的指导工作。大学与中学的教育管理模式截然不同，而许多学生对大学的认识是片面和浅薄的，同时缺乏相应的思想准备和心理准备，当面临完全不同的大学生活时，往往会变得手足无措和迷茫困惑。另外，一些学生在高中时期习惯了一切以高考为中心的学习生活模式，而上大学后由于失去了曾经奋斗的目标，不知道自己努力的方向，从而产生强烈的无所适从感。这时，班主任需要及时帮助新生调整个人认知和心态、树立新的奋斗目标，指导其开展以职业为导向的学业职业生涯规划，让新生尽快找到自己的兴趣点和未来的发展方向。

大二、大三阶段是学生进行知识积累和能力提升的关键时期。在学生逐步适应大学的生活、养成大学的学习习惯之后，就进入了专业知识的学习生活。班主任在这个阶段的工作重点是对学生进行职业能力培养、职业操守养成和职业素质提升的指导。在此阶段，知识传授和技能培养的工作主要由专业教师担任，班主任应主动与之沟通做好专业教育。而一些班主任往往也是专业教师，更应当将专业教育与日常学生管理巧妙地融合在一起，实现班主任与专业教师双重角色的有机统一，促进学生专业知识的积累和职业素质的提高。

大四阶段是学生逐步走出学校，进入社会成为一名准职业人的重要阶段。经过前三年的学习、积累和准备，大四时许多学生将踏上实习岗位开始全新的生活。这个阶段班主任的工作重心在于加强对学生的就业与创业指导，做好学生毕业实习的教育管理工作。大四伊始，班主任就应当帮助学生树立正确的就业和择业观，帮助学生根据自身的条件和兴趣爱好明确自己的就业目标和求职意向，并不断调整、修正和完善。班主任应当对学生进行就业政策宣讲、求职与就业技巧指导，使学生有充足的准备和充分的把握去应对求职就业，提高学生的就业成功率。这个阶段需要班主任紧紧围绕促进学生就业这一中心目标投入大量的时间和精力对学生进行就业指导工作。同时，班主任应做好学生毕业实习的教育管理工作。通过现场走访、电话、QQ、短信、微信等方式进行联系，及时了解学生的实习状况并做好安全防范教育，做好思想、心理上的教育和引导工作，使之适应实习生活，为其进入社会做好心理和思想准备。

（七）加强高校班主任队伍建设的思考和建议

班主任工作的重要性是显而易见的，班主任队伍建设更是一项紧迫而系统的工程，必须予以加强。

1. 从指导思想上重视班主任队伍建设

各校党委必须加强和改进大学生思想政治工作，从切实推进全程、全方位、全方面育人的高度认识问题，从培养社会主义现代化建设优秀接班人和合格接班人角度认识问题，从学校校友队伍建设、品牌建设和可持续发展高度认识问题。

从教师角度来看，应该认识到，育人是人民教师的崇高职责，承担班主任工作是教师应尽的义务；做班主任工作也是一种锻炼、一种经历，是人生的宝贵财富，也是教师特有的人生体验，意义重大，他人无法替代；有机会带班做班主任工作，是能力和水平的展示，可以培养一批优秀的学生，终身受益，一生荣耀。

2. 认真做好班主任队伍的选聘配备工作

高等院校班主任队伍建设的基础是确保招聘和配置方案得当，特别是在选拔班主任方面做好准备工作。高等院校应该根据实际工作需求做出科学合理的安排，保证每个班级都有足够数量的班主任。高等院校的班主任选拔应该在校党委的一致管理下，并由学生处和各院系组织，以共同推荐和公开招聘相结合的方式进行。

在保证数量充足的基础上，要倡导和选择高层次人员担任班主任工作。从职业道德与职业技能相结合、专业知识与能力培养相结合的角度认识班主任工作，必须倡导和要求下列人员担任班主任工作。

一是专业主任承担班主任工作。专业主任是本专业教学培养的主要设计者，也是连接人才培养与行业企业的主要活动者、教学方案的主要实施者。如果能担任班主任，不仅能收到业务和素质双重功效、校内和校外双重效能，而且有利于带领更多的教师参与到教书育人的工作中来，从而提高整体育人水平和质量。

二是高职称专业教师承担班主任工作。高职称专业教师学识渊博，基础扎实，受到人们的尊重，容易影响和教育学生。浙江大学的院士当班主任效应就能很好地说明问题，如果能发挥高职称学术带头人的作用，班主任工作就会收到事半功倍的成效。

三是高学历教师承担班主任工作。高学历教师见多识广，资源丰富，往往受到学生崇拜和尊重。让这些教师担任班主任，既会得到学生的喜爱，也有利于引导学生走上爱学习、爱钻研、爱知识的轨道，必然有利于学风建设。

3. 大力加强班主任队伍的培养培训工作

为了提升班主任的教育教学能力，需要加强对高校班主任团队的教育和培训。首先，为班主任制订有针对性的培训计划，包括不同层次、不同形式的培训内容，确保班主任在上岗前完成培训。此外，还需要注重将平时的日常培训和有针对性的专题培训相结合。其中，要重点组织班主任系统学习马克思列宁主义、毛泽东思想、邓小平理论、"三个代表"重要思想、科学发展观、习近平新时代中国特色社会主义思想等一系列党的理论成果，还需要知道党和国家作出的重要决策和政策，并深入探究相关的学科理论和知识、学业发展和职业规划等方面的相关知识。与此同时，要合理安排班主任的学习时间，可以考虑提供脱产、兼职或在职培训的选择。为了不断提升班主任的思想政治素质和业务能力，可以定期安排一批班主任参加业务培训、社会实践和学习考察等活动。这些活动可以帮助他们开阔眼界、延展思维，提升解决现实问题的能力，持续提高他们在思想政治教育领域的专业素养。

4. 合理划分班主任和辅导员的职责

辅导员和班主任是高等院校教师队伍的重要组成部分，是高等院校从事德育工作、开展大学生思想政治教育的骨干力量，是大学生健康成长的指导者和引路人。可见，班主任和辅导员的地位、性质和作用有着共同点。尽管如此，二者具体的职责还是不同的。

辅导员按照党委的部署有针对性地开展思想政治教育活动，班主任担负在思想、学习和生活等方面指导学生的职责。由此可以看出，班主任和辅导员在工作内容以及工作对象上是不同的。

从工作内容来看，辅导员从宏观的角度统筹和兼顾学生的文化、社会活动的组织开展，集中开展学生政治理论学习活动，加强学生的理想信念教育。班主任则侧重于更加细致和深入地进行学生教育管理，对个别学生的思想问题给予引导和疏通。

从工作对象来看，辅导员负责一个年级学生的思想政治教育工作，班主任则负责一个教学班级学生的日常管理和思想政治教育。班主任与辅导员之间的关系应当是点和面的关系，班主任工作是对辅导员工作的有益补充。

从组织领导来看，他们都在高校院系党组织领导下，独立地从事学生的教育培养工作，是两个平等的教育主体，不存在一方领导和管理另一方的问题，共同对院系党组织负责。

当然，在实际工作中，无论是辅导员还是班主任，都应当主动沟通通报学生工作情况，相互支持和配合，这样才能做好学生的各项教育培养工作，避免因辅导员与班主任角色错位产生弱化班主任工作的现象。

5.切实为班主任工作和发展创造条件和提供保障

制定促进班主任工作和发展的制度政策，是做好班主任队伍建设的重要保障。要切实为班主任的工作和发展提供资源和有利条件，加强对班主任的物质保障和人文关怀，解决好与班主任切身利益相关的问题。

一是计入教育教学工作量。建议把教师工作量统称为教育教学工作量，担任班主任就是直接的育人，应该占据一个教师1/4左右的工作量，以此作为考核依据。

二是提高报酬和待遇。按照一个班主任带两个平行班相当于1/4工作量的标准建立相应的报酬和补贴制度，使其达到应有的报酬水平。

三是建立奖励机制。除了每年开展优秀班主任评比，并对优秀班主任进行奖励以外，还要采取更加优厚的措施，如提高奖励标准，必要时可尝试调休制度，即担任完三年一届班主任后，可以让教师享受半年学术假或实践假，以鼓励班主任工作。

四是完善提拔晋升机制。对于班主任工作做得好的教师，可以在晋升专业技术职务、提升行政级别等方面予以倾斜；对于长期担任班主任工作成效显著的教师，可特设岗位给予倾斜。

第三节 高校凝聚力建设

要研究高校凝聚力建设，首先应该对高校凝聚力进行理论阐述。

一、高校凝聚力概述

（一）高校凝聚力的内涵

群体凝聚力指群体对其成员的吸引力和群体成员之间的吸引力以及群体成员对群体的满意程度，根据这一定义，可以认为，高校凝聚力指高校对教师的吸引力、教师对高校的满意程度与向心力、教师之间及教师与其他学校成员之间的相互吸引力或接纳程度。

（二）高校凝聚力的类型

特则纳将凝聚力分为工具凝聚力和社会情感凝聚力。[①] 前者指基于任务、目标的凝聚力，其产生的基础是群体成员在共同实现目标和完成任务的过程中所必须具备的信任与合作行为；后者指建立在社会情感或情绪基础之上的凝聚力，其产生与成员参与群体决策和从群体中获得情感满足有关。

高校凝聚力也可以分为任务凝聚力和人际凝聚力。任务凝聚力是指由于高校教师对学校教学、科研、社会服务等工作的热爱、喜好或责任感，或由于高校能帮助教师实现其重要目标和满足其重要期望而产生的凝聚力，主要源于高校的工作目标和高校所提供的工作激励；人际凝聚力是指高校因教师与教师、教师与管理者、教师与职工、教师与学生之间的人际关系良好而产生的对教师的吸引力，基于高校教师的归属感和教师之间及教师与其他学校成员之间的相互认同、接纳、喜欢、关心、支持等。据此，高校凝聚力建设应避免只重视任务凝聚力建设而忽视人际凝聚力建设的问题，要同等关注和加强这两种凝聚力建设。

（三）高校凝聚力的特征

高校凝聚力具有动态变化性、动力性和多维性的特征。

高校凝聚力的动态变化性是指高校凝聚力会随着影响高校凝聚力因素的变化而变化。这是因为影响高校凝聚力的因素不是静态不变的，而是发展变化的，这些因素的变化必然会使高校教师先前对这些因素的认知或感受发生改变，继而使学校对高校教师的吸引力、高校教师对学校的满意度与向心力以及相互之间的吸引力出现变化，从而影响高校凝聚力。例如，若学校的组织结构发生改变，新的组织结构设计不能做到量才而用，难以满足教师发展的需要，教师对先前组织结构满意的认知就会发生改变，对新的组织结构设计不满，导致高校教师对学校的向心力减弱，从而降低学校凝聚力。

高校凝聚力的动力性是指高校凝聚力会对高校教师的行为产生影响进而决定学校的绩效。群体动力心理学家勒温通过研究发现，群体的凝聚力能给群体成员的行为以动力，引发、维持并调节群体成员的行为，对群体成员的行为产生直接

---

① 韩晓强，刘铁玲，舒晓红．教师文化素养与师资队伍建设 [M]．成都：电子科技大学出版社，2017.

影响，并通过影响群体成员的行为而影响群体的绩效或群体目标的实现程度。凝聚力强的群体，成员之间表现为相互合作、相互鼓励和相互支持等，成员的工作积极性高；在凝聚力弱的群体中，成员之间相互指责批评，相互推诿责任，工作不努力。

同理，在高校中，凝聚力的高低也会对教师的行为产生直接影响。凝聚力高，则教师围绕学校的办学目标和中心工作，齐心协力，积极主动地开展工作，高校教师遇到矛盾能主动地相互沟通，达成一致，彼此之间也愿意承担更多的责任；反之，凝聚力低，学校则人心涣散，教师工作缺乏积极性。

高校凝聚力的多维性是指形成高校凝聚力的因素是多方面的。高校凝聚力有的是因为高校能帮助教师实现自己重要的目标和满足自己重要的期望而产生的凝聚力；有的来源于教师之间及教师与其他学校成员之间良好的人际关系而产生的吸引力；有的是因为高校工作本身的乐趣、发展性和挑战性等能使教师喜欢、热爱学校工作而使其产生对学校的向心力；有的是因为高校提供的良好教学、科研条件能使教师具备工作成就感而产生的对学校的向心力等。当然，高校凝聚力不可能是单一因素的产物，而是多种因素作用于教师后产生的积极结果。

二、高校凝聚力的价值

（一）高校凝聚力为高校生存和发展所必需

一方面，为了适应高等教育规模扩展和质量提高的需要，我国高等教育走多样化求发展、质量立足和特色兴校的发展道路，高校之间的竞争日益激烈。高校为了在竞争中生存和发展，必须提升学校的人才培养质量和办学水平，而要实现这个目标，需要教师团结一致，努力工作，即需要教师的凝聚力。

另一方面，近年来，国外高校通过提供较为优质的教育服务，吸引我国的优秀生源到国外求学。为了能在激烈的市场竞争中站稳脚跟，高校凝聚力显得十分重要。高校间的这种激烈的竞争，说到底是人才的竞争，是教师资源和学生资源的竞争。

教师作为学校教育教学的重要力量，其精神状态往往起到至关重要的作用。这种精神状态要求是团结拼搏的状态，自强不息的状态，人心思齐、人心思进的状态，也就是具有强大凝聚力的状态。因此，为了高校的生存和发展，高校管理者必须关注、关心、激励、支持教师，增强学校的凝聚力，把教师团结起来，通过他们献身教学、科研及其他工作，使学校在竞争中生存、在竞争中发展。

（二）高校凝聚力是教师合作的基础

在高等学校，教师不仅在提高工作绩效和实现组织目标时需要合作、相互支持和帮助，而且在专业或课程教学中，也需要交流教学心得，共同开展教学研究与反思，提高教学水平。在科学研究中，合作更是不可缺少，特别是随着科学技术发展的综合化、一体化趋势，更需要教师联合攻关、共同奋斗。

高校顺利开展各项工作需要教师具备合作意识。合作意识是个人希望和他人在一起建立合作、友好关系的一种心理倾向。使高校教师增强合作意识、进行友好合作的最好途径就是增强高校的凝聚力。高校凝聚力的一个部分是教师之间的相互接纳程度或亲和力，这种亲和力能减少甚至消除因人际关系的复杂性而造成的各种冲突，是教师合作的基础。不难理解，凝聚力高的高校，教师之间亲和力强，人际关系融洽，沟通及时，矛盾或冲突少，能产生强烈的合作意愿和较强的协调能力，提高彼此间的工作配合度，行动一致，紧密合作，共同实现学校目标。

（三）高校凝聚力促使教师产生归属感

首先，高校凝聚力促使教师产生归属感。每个人都具有归属于一定群体的社会需要，希望自己成为群体中的一员，和他人保持有意义的联系，并能得到群体的认同、接纳、关心和帮助。教师对学校的归属感，就是教师将自己在社会中的位置定位在所处的学校，认识到自己是学校的一员和学校对自己的重要性，使自身各层次需求得到满足，将自己的命运与学校联系起来。如果高校能满足教师工作、生活、娱乐等方面的需求，为教师的发展创设良好的校园物质环境和积极向上的校园精神环境，为教师的成长、自我价值的实现提供条件，教师就会有归属感，就会愿意在高校与其他教师、管理者、职工、学生一起为了学校的发展而积极努力地工作。

其次，高校凝聚力促使教师产生自豪感。自豪感就是教师以学校为荣，为学校骄傲，认为自己的学校有对社会的贡献、良好的声誉、美好的形象，并且自己有可观的收入，因此产生荣耀心理。如果社会或外界对学校评价高，学校的知名度高，在这样的学校工作的教师就会因此获得强烈的集体荣誉感以及自豪感。

再次，高校凝聚力促使教师产生责任感。责任感是教师要努力做好分内之事或本职工作的强烈愿望。教师被学校吸引，认同学校目标，对学校的满意度比较高，喜欢和热爱自己的学校，就会关心自己的学校，时刻关心学校的发展，将学校的命运、发展和前途与自己的利益获得和价值实现联系起来，产生对工作或职责的强烈责任感。

最后，高校凝聚力促使教师产生工作积极性。管理心理学认为，需求是工作者对某种目标的渴求或欲望，工作动机是推动工作者去从事工作并指引工作者去满足需求的动力。工作者的需求得到满足时，就会产生努力做好工作的动机，就会有很高的工作热情，并表现为始终如一的工作努力，但这种动机的强弱同群体对其关心的程度和需求被满足的程度密切相关。如果学校关心教师，满足教师的需要，提高他们的满意度，将教师团结起来，凝聚在一起，教师就能产生强烈的工作动机和高涨的工作积极性，产生积极向上的强烈愿望，表现出奋发有为的精神面貌，就会处于最佳精神状态，精力、时间、智慧就会被吸引到工作中，全校教师心往一处想，劲往一处使，努力完成各项任务，实现学校的办学目标。

三、高校凝聚力与师资队伍建设的关系

高校凝聚力与高校师资队伍建设有着密切的关系，凝聚力的增强对师资队伍的整体发展和学校的长远发展都起到重要的促进作用。

凝聚力强的师资队伍更容易形成团队合作意识和共同目标。当教师意识到他们不仅是个体，更是团队中的一员时，他们将互相支持、协作，共同努力实现学校的教学和科研目标，提高整体绩效。

凝聚力增强的师资队伍更容易实现教学质量和学术水平的提高。团队合作和互相学习、借鉴的氛围能促进教师之间的专业知识和教学经验的分享，提高教学方法和策略的创新，进一步提高教学质量。

强大的凝聚力对于师德建设和学术倡导起到积极的推动作用。凝聚力强的师资队伍往往会形成共同的师德规范和学术倡导，教师们互相尊重、互相支持，共同追求教育事业的高尚目标，并通过自身的榜样作用引领其他教师。

凝聚力的增强能为教师提供更多的支持与发展机会。团队中的教师互相鼓励和支持，共同面对挑战和困难，并为个体成长和专业发展提供支持和机会，如共同参与项目研究、参加学术会议、接受进修培训等。

凝聚力强的师资队伍往往能带来较高的工作满意度和留存率。教师在团队中感受到归属感和认同感，更加愿意为学校长期发展贡献自己的力量，并得到相应的回报和认可，这将有助于减少人员流失。

高校凝聚力对高校师资队伍建设具有重要影响。增强凝聚力有助于促进团队合作与形成共同目标，提高教学质量与学术水平，促进师德建设与学术倡导，提供支持与发展机会以及提高工作满意度与留存率。因此，高校应重视凝聚力的培养，并创造有利于师资队伍发展的良好环境和文化，以推动高校教育事业的持续发展。

四、高校凝聚力建设对策

虽然增强高校凝聚力不能忽视外部因素的改善，但更重要的是改善内部因素。

（一）设置共同目标，丰富工作特征

群体凝聚力受群体目标和个人目标相容程度影响，群体目标和个人目标相容即有共同目标。也就是说，共同目标具有凝聚教师的功能。为此，要增强高校凝聚力，学校必须设置共同目标。

首先，设置共同目标应该立足本校实际。人的动机是由他所体验的某种需要或未达到的目标引起的。如果设置的目标是难以达到的，人们就会丧失信心，就不会为实现目标而努力，目标也就失去了激励的作用。因此，高校设置目标应该遵循从实际出发、实事求是的原则，在仔细分析高校现有条件的基础上，根据学校的条件和长远发展规划，设置出切实可行的、既具有挑战性又能够达到的目标。这样的目标才能使教师看到学校的发展前景，对个人的未来发展充满信心，从而增强他们对学校的向心力。

其次，设置共同目标应该让教师参与。在设置目标时，高校应该发挥广大教师的参与作用，仔细倾听教师的意见，从而促使教师对目标产生认同感，产生积极的目标承诺，有达到目标并为之努力的决心，并使他们在工作中遇到矛盾时，

自觉地从学校整体发展出发，服从大局利益，缓和矛盾或冲突，培养协作精神与互助精神，促进良好、融洽人际关系的形成，增强他们对学校的向心力。

最后，设置目标后，要加强宣传，让全体教师知晓。学校管理者可通过会议、宣传栏、校园网络、内部刊物等渠道，将学校的共同目标告知于众，使教师了解学校的目标，明确自己的职责，消除其盲目感，从而有利于增强学校对他们的吸引力。

工作本身是影响员工满意度的因素之一，高校应该通过丰富工作特征来增强学校的凝聚力，丰富工作特征即增加工作中技能的多样性，任务的一致性、意义性、自主性和工作的反馈性，使员工满意和热爱工作。由于高校教师工作特征的丰富主要在于提升工作的重要性、自由探索性与成长发展性，因此，丰富工作特征应该做到：第一，要让教师看到自己工作的意义和价值。学校可通过开展各种形式的活动与宣传，让教师看到自己的职业价值，让其对自己所从事的职业产生自豪感，要让教师承担有一定挑战性的工作，使他们在探索中感觉到工作的意义。第二，要给教师提供学术探索的自由。相对于其他社会组织，高校的最大特点是学术性，因此要合理地安排教师的工作任务，给教师留出自由支配的时间，让教师根据自己的专长和兴趣进行科学研究，使其能充分发挥自己的潜能和创造性，提升工作自主感和成就感。第三，要建立适合教师发展的软环境。学校要进一步建立面向教师的多层次、系统化的人才培养机制和培养计划，对教师有目的、有计划、有组织地培养，要给教师分配具有挑战性的任务，并为他们高质量地完成任务创造条件，提供帮助，鼓励和支持其学习，在履行工作义务的同时，进一步丰富知识，提高能力，实现专业成长与发展。第四，要增强教师工作任务的相互依存性。任务的相互依存性可以是共享的、相继的和互惠的，学校要通过让教师一起承担、协作完成工作任务，共同为学校贡献以及奖励教师集体等方式，促使教师相互关心与合作，增强教师之间的吸引力。第五，要增加工作成功的机会。如果个体在工作中取得了成功，个体就会有成就感和自豪感，就会被这项工作所吸引。如果群体一贯有成功的表现，就容易吸引和团结群体成员，群体就对成员有吸引力，就会把群体成员凝聚在一起。因此，要增加工作成功的机会，让教师在工作中取得成功，并通过教师个体工作的成功实现学校目标，推动高校成为高成效的学校。

（二）设计合理的组织结构

提高高校凝聚力必须合理设计组织结构，提高教师的工作满意度，激发教师的工作热情，增强教师对学校的向心力。

1. 设计扁平化组织结构

扁平化组织结构是指一种通过减少管理层次，压缩职能机构，裁减人员，使组织的决策层和操作层之间的中间管理层减少，以使组织最大限度地将决策权延至执行层，从而提高组织效率而建立起来的紧凑而富有弹性的新型组织结构。高校构建这种组织结构能减少信息传递的环节，更好地促进教师与管理者之间的信息沟通与情感交流，使管理者及时掌握教师的心理，也使教师感受到管理者对他们的关心、尊重，融洽管理者与教师之间的关系，进而提高学校和管理者对教师的吸引力，增强高校凝聚力。构建扁平化组织结构要做到：在机构设置上，实行精兵简政，裁减不必要的机构，避免机构的重叠与膨胀；在人员配备上，严格控制数量，挑选精干人员组成管理队伍，剔除那些"在其位不谋其政"的懒散人员；在管理工作操作上，简化管理程序，减少不必要的管理活动，让教师能专注于自己的本职工作。

2. 设计学术权力与行政权力的矩阵结构

高等院校是"做学问"的地方，知识是高校运转的轴心，学术活动是高校最基本的活动，学术性是高校的根本属性。由此，在高校组织结构设计中必然要考虑学术权力。高校规模的扩大，使各构成部分之间的沟通和联系成为非常庞杂的工作，对管理的需求加大，管理人员增多。

也就是说，高校不是一般的学者团体，而是一个组织化了的社会单位，是一个正式的社会组织，因此，需要有行政权力来管理学校的日常活动。学术将大学的教师和学生联系起来，其组织文化是专业文化，用专业手段进行教学，用专业标准组织知识和评价学生成就；管理部门将专业世界与外部世界联系在一起，其组织文化是管理文化，突出对工作业绩的追逐和行动导向。高校的学术性和社会组织性决定了在高校组织结构中学术权力与行政权力共生、相互协调和配合的必要性。要有效实现学术权力与行政权力共生、相互协调和配合，必须设计学术权力与行政权力制衡的结构。

首先，要协调学术权力与行政权力。建立健全学术组织，如学术委员会、学位委员会、专业与课程建设委员会、人事委员会等，把学术权力还给教师，学术问题尽可能地交给作为学术人员的教师解决，让他们看到自己的作用，参与学校管理。

其次，要建立健全校务委员会、学术委员会制度。明确学术委员会的职责与权限，确保教师参与学术事务决策的权力落到实处。

最后，要树立行政权力为学术权力服务的意识，充分尊重教师，调动其参与决策的积极性，使其实现自身价值，增强对学校的向心力。

（三）建立科学的管理制度

科学的管理制度能够有效地提高高校的凝聚力，推动高校稳步发展。科学的管理制度可以明确权责关系和规范行为。在高校中，不同的角色和职责需要明确划分和规范。科学的管理制度能确立权力和责任的清晰边界，避免权力滥用和责任混淆。这为师生员工营造了公平、公正的工作环境，激发了他们的工作积极性和创造力，增强了彼此之间的信任。科学的管理制度能为高校提供更好的资源配置和决策机制。

高校作为一个复杂的组织体系，需要进行科学的资源配置和决策制定。通过科学的资源配置和决策机制，高校能够更好地满足师生员工的需求，提高其工作满意度和增强凝聚力。科学的管理制度能够为高校提供持续的改进和发展机制。高校作为一个知识密集型组织，需要不断进行改进和创新。科学的管理制度可以建立起有效的监督和评估机制，鼓励师生员工提出建设性意见和建议。高校可以通过科学的管理制度及时发现问题和不足，并采取相应的措施进行改进。这有助于高校不断提高自身的管理水平和服务质量，增强师生员工的归属感和凝聚力。

因此，建立科学的管理制度对高校凝聚力有着重要影响。科学的管理制度能够明确权责关系和规范行为，提供更好的资源配置和决策机制，促进信息的流通，以及为高校提供持续的改进和发展机制。通过实行科学的管理制度，高校能够提高师生员工的工作满意度和凝聚力，推动高校稳步发展和持续进步。

（四）构建积极向上的校园文化

1. 构建优美、舒适的校园物质环境

外部环境会对人的行为产生影响。工作的物理环境是工作满意度的重要因素。研究证实，员工对工作场所的物理环境——温度、湿度、噪声、安全等满意与否，会影响其工作满意度。因此，要使教师对学校生活满意，产生舒适感，表现出有利于学校的行为，提高学校的凝聚力，就应该建设优美、舒适的校园物质环境。首先，要合理设计校园布局。校园布局要依托原有的自然环境，如山坡、河流、丛林等，在布局上兼容各种功能场所，如休息的场所、娱乐的场所、供人静思的场所、群体活动的场所、个人独处的场所……做到布局合理，功能分区适当，自然环境和人文环境和谐统一。其次，要合理规划校园绿化环境。要充分利用美学知识，在绿化布局上做到点、线、面结合，平面、立体结合；开展乔、灌、地被植物和草坪相结合的立体绿化，加强垂直绿化、室内绿化、屋顶绿化等绿化薄弱环节的建设，对校内道路、活动场所以及绿化区进行统一规划，力求使校园环境春有花、夏有荫、秋有果、冬有绿。

2. 构建人文关怀的制度文化环境

人是有感情的，也有强烈的情感需要。群体对成员的亲切关心，将会增强群体成员的向心力。因此，要增强高校凝聚力，校园制度文化建设必须坚持以人为本，实现人文关怀。在生活上，要在政策允许的范围内积极建立教师生活保障制度，帮助教师解决好子女上学、就业、就医、住房等实际困难，消除后顾之忧，使教师全身心地投入到学校的工作中来。在工作中，要充分关照教师，创建合理的用人制度，让教师有最适合的工作任务，并能最大限度地发挥自己的智力和潜能。在成长发展上，既要为教师专业或学术发展创造条件，又要为有管理才能并愿意参与管理的教师创造条件，完善干部考察、考核制度，营造公平公开公正、竞争择优的氛围，让教师进入管理层，参与学校管理。

3. 构建积极向上的校园精神文化环境

校园精神文化是校园文化的灵魂和核心，也是校园文化的最高层次，是形成物质文化和制度文化的基础。因此，无论是校园物质环境建设，还是制度文化环境建设，都应该将校园的精神文化融入其中，让教师时刻感受到校园精神。具

体可从以下几方面入手：首先，学校管理者要树立正确的观念，要认识到校园的物质文化与制度文化最终都要反映校园的精神内涵，校园的物质环境建设与制度文化环境建设应该体现校园精神。其次，选择正确的校园价值观。选择校园价值观要立足本校的特点和实际，体现学校的办学宗旨、管理战略和发展方向，要发挥教师的参与积极性，广泛听取教师的意见，经过自上而下和自下而上的多次反复，审慎筛选出既符合本校特色又反映教师心声的校园价值观。再次，树立正确的舆论导向。无论是在宣传教育、理论研究，还是在制定政策的过程中，都要充分体现、发扬、激励催人向上、健康且富有生机的精神，既应利用校园内的各种传播媒介和宣传工具大力宣传学校的价值目标和行为准则，伸张正义，抑制歪风，又要对自发的舆论做出理智的审视，合理的予以支持，不合理的予以引导。最后，发挥学校领导的榜样作用。学校的各级领导是学校精神的集中体现者。要有效地培育学校精神，就要发挥领导的榜样作用。领导应该是学校文化和精神的楷模，率先实践学校精神，以身作则，用自己的模范行为对教师产生潜移默化的影响。

（五）提升管理者魅力，运用恰当的管理方式

1. 提升管理者魅力

魅力型领导者是受员工喜爱并能带来更理想管理效果的领导者，高校管理者要提高自己对教师的影响力和吸引力，就应该通过强化自己的威望性或自然性影响力，即通过完善品格、丰富知识、培养能力、运用情感等来提升自身的魅力，以魅力凝聚人心。一方面，以"德"树"威"。管理者不能"正己"，就很难"正人"。因此，管理者要自觉加强道德修养，完善品格，正确对待和使用手中的权力，树立公仆意识、服务意识。要树立正确的权力观，认识到权力是用来为学校谋利益的，绝不能把权力私有化、商品化，更不可谋个人私利。要对教师一视同仁，不分亲疏，公正地对待每一位教师。另一方面，拥有较高的学识与才华。知识和才华是形成凝聚力的客观基础。学校是知识分子云集的场所，知识分子最佩服的是有学识和才华的人。作为管理者，只有具有广博的知识和卓越的管理才能及其他特长，才能赢得教师的承认和钦佩。

2. 运用恰当的管理方式

首先，要运用参与管理。参与管理是员工自我实现的需要，可以提供工作的内在激励，提高员工的工作满足度，因而被认为是提高士气和生产效率的灵丹妙药。

其次，要运用人本管理。人本管理就是指在管理中不只看重工作，更要关注关心教师，也就是管理者不应该只注重工作目标的实现和工作任务的完成，而要关注教师的社会心理需要，关注教师的情感，通过与教师进行情感上的沟通和交流，使教师产生愉悦的情绪，从而使其心情舒畅地工作，提高工作效率，完成工作任务。

（六）形成融洽的人际关系

1. 形成教师与管理者之间融洽的人际关系

一方面，管理者必须树立牢固的服务意识，平等待人，绝不可高高在上，盛气凌人。要一身正气，公正处事，绝不可持双重标准。要敢于负责，对下属的过错自己也要主动承担领导责任，绝不可以推过揽功。要发挥榜样作用，处处以身作则，严于律己。另一方面，作为被管理者的教师必须正确地对待管理者，服从和支持管理者的工作。要打破"完人"观念，对管理者要有适度、合理的期望值，对管理者工作中的缺点和失误，要真心实意地帮助，抱着对工作负责、与人为善的态度予以指出。遇到困难和挫折时，应从大局着眼，放宽气量，讲究分寸，不要故意为难管理者，要学会说服管理者。

2. 形成教师之间融洽的人际关系

教师之间的关系处理得好，不仅有助于教师自身的发展，而且有助于高校凝聚力的增强。教师之间形成和谐、融洽的人际关系，首先，要互相尊重。教师既要尊重与自己感情较好、观点相近的同事，也要尊重与自己联系较少、观点相左的同事。要抱着虚心的态度，从学校发展目标出发，求大同，讲究群体意识，互相尊重，团结合作。其次，要摒弃"文人相轻"的思想。教师既要正确评价自己，也要全面、客观地评价他人，要注意克服自傲、妒忌的心态。当发生矛盾冲突时，要宽容大度，虚怀若谷。最后，要互相主动交流。人的感情是在多次的交往、交流中培养出来的。教师间经常交流，彼此之间形成共同的认识，有利于让彼此感受到对方的关怀，从而拉近彼此的距离，形成融洽的人际关系。

3. 形成教师与学生之间融洽的人际关系

第一，形成教师与学生之间融洽的人际关系需要教师的努力。教师应尊重学生的自尊心和人格，将每个学生视为独特的个体。尊重学生的意见和选择，鼓励他们发挥自己的创造性和个性。教师应该积极主动地了解学生，关心他们的学习和生活状况。建立良好的师生沟通渠道，倾听学生的需求和关注点。教师应努力成为学生信任的人，与学生建立互相尊重、信任和支持的关系。通过与学生建立良好的关系，教师能够更好地了解学生的需求和困扰，并提供相应的支持和帮助。教师应摒弃对学生的偏见，以客观公正的态度看待每个学生的能力和潜力。通过正面的评价和鼓励，帮助学生树立自信心，充分发挥自己的才能。教师应该以身作则，在道德品质、学术成就和职业操守等方面成为学生的表率。教师要勇于承认错误，以理性和善意与学生进行交流和解决问题，以获得学生的信任和认可。通过努力和关心，教师可以与学生建立积极、互动和融洽的人际关系，为学生提供良好的学习和发展环境。这样的人际关系有助于学生成长和学习成就的提高，并为教师和学生之间的相互理解和信任奠定基础。

第二，形成教师与学生之间融洽的人际关系需要学生的努力。学生应尊重教师，包括尊重教师的劳动和专业知识。这意味着要遵守教师的教学管理，服从教师的指导和规章制度。学生应尝试从教师的角度去理解和感受，理解教师的辛勤付出和期望，了解教师的专业知识和教育经验，并尊重教师的决策和教学方法。

第三，形成教师与学生之间融洽的人际关系需要教师与学生的相互理解。通过相互理解和尊重，学生与教师之间可以建立起互信和共同成长的关系。教师和学生都应该设身处地地体会对方的情感、态度和需要。学生可以主动表达自己的学习需求和困难，教师则应尽力理解学生的个体差异和学习问题，并提供合适的帮助和指导。合作与协调也是促进师生关系融洽的重要因素。教师和学生可以积极参与课堂互动，鼓励学生之间的合作学习和互助，同时要为教师提供适当的反馈和建议，以促进教与学的双向发展。共同提高和增强彼此吸引力是建立融洽关系的关键。教师和学生应共同追求学术进步和成长，激发相互之间的学习兴趣和热情。教师可以提供学术指导和启发，学生则要积极主动地参与学习，并通过实践和合作展示自己的进步和成就。

总而言之，学生应尊重教师、理解教师，并从对方的角度思考问题。同时，师生双方还需要通过合作与协调、相互理解和共同提高来建立融洽的人际关系。这样的关系对于良好的教学和学习环境的营造非常重要。

参考文献

[1] 李青 . 高校师资管理研究 [M]. 天津：天津大学出版社，2019.

[2] 朱松华，张颖 . 高校师资队伍建设与教育质量管理创新 [M]. 长春：吉林出版
集团股份有限公司，2022.

[3] 安波，徐会吉 . 民办高校师资队伍建设现状与对策研究 [M]. 济南：山东人民
出版社，2013.

[4] 刘玉红 . 高校师资队伍建设与管理工作新探 [M]. 北京：光明日报出版社，
2016.

[5] 曾绍元 . 高校师资队伍建设实践与研究 [M]. 北京：中国人民大学出版社，
2004.

[6] 姜海洋 . 高校教育体制改革和师资队伍建设 [M]. 长春：吉林出版集团股份有
限公司，2022.

[7] 廖上源 . 高校教育教学改革与师资队伍建设 [M]. 长春：东北师范大学出版
社，2019.

[8] 赵晓毅，杨学智 . 高校人力资源管理创新与师资队伍建设研究 [M]. 长春：吉
林出版集团股份有限公司，2021.

[9] 蒙有华 . 新时代背景下的高校教师队伍建设的探索与实践 [M]. 长春：吉林出
版集团股份有限公司，2022.

[10] 褚瑞莉 . 激励理论视域下高校师资队伍构建研究 [M]. 北京：九州出版社，
2019.

[11] 陈育芳 . "双一流"建设背景下高校师资队伍建设研究 [J]. 福州大学学报（哲
学社会科学版），2023，37（4）：164-169.

[12] 李小平，李忆辛 . 新时代高校师资队伍建设的现实取向、内在机理与实践路
径 [J]. 高等教育研究学报，2023，46（2）：1-8.

[13] 丁剑峰 . 拓展高校师资队伍建设新思路 [J]. 人力资源，2023（8）：130-131.

[14] 肖向明，陈楠.高校师资队伍建设的系统思维——基于《高等教育的沉思》的启示 [J].岭南师范学院学报，2023，44（2）：1-7.

[15] 黎晓凤，陈忠伟，李万鑫.分类管理体制下高校师资队伍建设路径探索研究 [J].现代商贸工业，2023，44（10）：108-110.

[16] 孙瑜.高校师资队伍激励机制建设路径探究 [J].大学，2023（10）：141-144.

[17] 杨茹浩.人力资源管理理论下的高校师资队伍建设研究 [J].数据，2023（3）：191-192.

[18] 王莹，王玉香."双一流"战略视角的地方高校师资队伍建设路径研究 [J].安徽电子信息职业技术学院学报，2022，21（6）：87-90.

[19] 布穷.高校师资队伍管理对策研究 [J].现代农村科技，2022（12）：101-102.

[20] 任峰，孙宁云.高校师资队伍建设及评价策略研究 [J].内蒙古科技与经济，2022（9）：42-43，46.

[21] 陈彩春.一流本科教育中高校师资队伍建设研究 [D].武汉：武汉理工大学，2020.

[22] 田曼娥."双一流"背景下高校师资队伍建设研究 [D].昆明：云南大学，2019.

[23] 宋丹.基于知识的高校师资队伍管理研究 [D].大连：大连理工大学，2007.

[24] 郭雅娇.基于胜任力视角的高校师资队伍建设及策略研究 [D].大连：大连理工大学，2018.

[25] 何毅霜.一流学科大学师资队伍建设研究 [D].郑州：河南大学，2018.

[26] 田尧.高校师资队伍建设与管理研究 [D].乌鲁木齐：新疆大学，2017.

[27] 韩冰.我国民办高校师资队伍建设与管理研究 [D].长春：吉林大学，2015.

[28] 范维.高校师资队伍建设管理系统的设计与实现 [D].成都：电子科技大学，2014.

[29] 谢斯宇.高校师资队伍管理系统的设计与实现 [D].厦门：厦门大学，2013.

[30] 张良.地方高校师资队伍建设研究 [D].上海：上海交通大学，2012.